13
Profecías
Ocultas

es ediciones

13 Profecías Ocultas

José María Ibáñez

es ediciones

13 Profecías Ocultas
© José María Ibáñez, 2009
© Actis production S.L., 2009
Es ediciones
C/ Argumosa, 37- 3J
28012 Madrid
Teléf.: 915 308 554 - Fax: 913 281 032
www.esediciones.es
info@esediciones.es

Diseño de colección: Alejo Ruocco
Diseño de portada: Vittorio Cacciatore
Servicios editoriales: Actis
ISBN: 978-84-92760-07-7
Depósito Legal: M-43650-2009
Impresión: Creapress

Impreso en España

Índice

PRESENTACIÓN   11

1 LAS SIETE PROFECÍAS MAYAS   17

2 NOSTRADAMUS   25
  EL ADVENIMIENTO DEL GRAN MONARCA

3 JUAN DE JERUSALÉN   33
  EL PROFETA TEMPLARIO

4 SAN MALAQUÍAS   41
  PROFECÍAS DE LOS ÚLTIMOS PAPAS

5 ISAAC NEWTON   49
  EL HEREJE OCULTO

6 ALBERT PIKE Y GIUSEPPE MAZZINI   57
  ¿PROFETAS O CONSPIRADORES?

7 JULIO VERNE   65
  ¿PROFETA O INICIADO?

8 Profecías de Rasputín   73
  ¿El elegido del dragón?

9 Juan XXIII   83
  Sociedades secretas y extraterrestres

10 Los siete mundos de los indios Hopi   91

11 Jeanne Dixon   99
  La vidente de la Casa Blanca

12 Edgar Cayce   105
  El profeta dormido

13 El Apocalipsis de San Juan   111
  y el número de la bestia 666

Bibliografía   117

A mis padres,
por haber respetado siempre,
con algún que otro disgusto,
mi tesoro más preciado: la libertad

Presentación

Los textos proféticos, en mayor o menor medida, nos dan a entender –a pesar de vaticinar todo tipo de destrucciones y calamidades–, que siempre y cuando la humanidad adquiera un elevado grado de conciencia colectiva, las futuras generaciones transitarán por un planeta mucho más equilibrado. Debemos ser conscientes, y de hecho en el fondo lo sabemos, que a este mundo en el que nos ha tocado vivir le urgen cambios a todos los niveles: políticos, culturales, sociales, religiosos...

Mientras tanto, os invito a dejar volar la imaginación. Me explico. Mientras iba desentrañando los trece capítulos que componen este libro, surgían en mi interior todo tipo de preguntas. ¿Qué diferencia hay entre una visión profética y una intuición? ¿Cuál es la diferencia entre los libros proféticos y el mensaje que encierran algunas novelas de ciencia ficción o de literatura de anticipación? Pues bien, recordando lecturas casi olvidadas, desempolvé algunas obras de mi biblioteca que, como mínimo, invitan a la reflexión. Y *como muestra un botón* –así se suele decir–, recapacitemos sobre los acontecimientos futuros que nos relatan a través de sus novelas estos cuatro autores elegidos al azar.

En 1898 –nos cuentan Louis Pauwels y Jacques Bergier–, se publicó en Estados Unidos un libro de ciencia ficción: *Futility, or the Wreck of the Titan* (El hundimiento del Titán). Su autor, Morgan Robertson, describe el naufragio de un navío de grandes proporciones (desplazaba 70.000 toneladas, medía 900 pies y transportaba 3000 pasajeros), que una noche brumosa del mes de abril, en el transcurso de su primer viaje, colisionaba contra un iceberg; hundiéndose en las profundidades del océano. Catorce años más tarde, la noche del 14 de abril de 1912, durante su viaje inaugural, el transatlántico *Titanic* (que desplazaba 66.000 toneladas, medía 828,5 pies y transportaba 2224 pasajeros), de la misma forma que su antecesor en la ficción, se hundía tras colisionar con un iceberg. El autor concluye la novela diciendo: «Existe una resaca del futuro».

La novela de George Orwell: *1984*, escrita en 1948 y publicada en 1949, nos sitúa en un estado totalitario, donde siempre se halla omnipresente la figura del *Gran Hermano*: el que tolo lo ve, todo lo escucha y todo lo dispone. Para el partido dominante el poder se ha convertido en el valor único y absoluto. Para conquistar dicho poder, no existe nada que no deba ser sacrificado y, por lo tanto, nada es más importante que el valor de conservarlo sin importar el precio. El protagonista principal de la novela, Winston Smith, poco a poco se va dando cuenta de que su trabajo en el *Ministerio de la Verdad*, donde se dedica a falsear la verdadera historia, forma parte de la gran farsa en que vive inmersa la humanidad. Se enamora de Julia, una joven tan rebelde como él, simbolizando la unión de dos seres contra una sociedad que se vigila a sí misma. Juntos se afilian a *La Hermandad*, un grupo subversivo liderado por un tal Goldstein. Pero este grupo y este personaje, si es que realmente existen, no son ni mucho menos lo que ellos se imaginan.

En 1932, el novelista Aldous Huxley en su obra *Un Mundo Feliz,* ambientada en el año 632 d. F. (año 2540 de nuestra era después de Ford), los humanos son incubados y predestinados a formar parte de una de las cinco castas existentes: *Alfas, Betas, Gammas, Deltas y Epsilones*. Cada una de las castas tiene encomendada una tarea específica. Los *Alfas* –la casta superior– realizan los trabajos que requieren mayor inteligencia y, por su parte, los *Epsilones* –la casta inferior–, se encargan de las tareas más duras y desagradables. Para que todos se sientan felices y no se produzca ningún tipo de rebeldía, el estado se encarga de suministrarles –regularmente y de forma gratuita– el *soma* una droga que hace que los habitantes de este mundo de ficción alcancen una falsa felicidad. Su única religión se sustenta en un sistema filosófico basado en los principios del magnate de la industria automovilística norteamericana Henry Ford.

Por su parte, el estadounidense Ray Bradbury en su novela de anticipación: *Fahrenheit 451* (1953), nos relata las aventuras de un cuerpo especial de bomberos; cuya dedicación exclusiva es quemar todos los libros. Según los gobernantes, leer impide a las personas alcanzar la felicidad; llenándoles de angustia y sostiene: «Al leer, los hombres se comportan de manera diferente cuando deberían ser iguales». En definitiva, Bradbury nos introduce en una futura sociedad donde, sus gobernantes, suprimen la libertad a través de la cultura y donde, cada uno de los rebeldes, tiene como misión memorizar un libro para poder transmitirlo a generaciones futuras.

Solo me resta, desconocido lector, desearte que disfrutes transitando por las *13 profecías ocultas*. Este segundo libro, de la colección *Enigmas y Misterios*, que tuvo su punto de partida el pasado mes de junio con *13 lugares malditos*, se lo dedico a todas aquellas personas que piensan y sienten que, para viajar por el presente y alcanzar la meta de nuestro futuro, es imprescindible que conozcamos nuestro pasado.

José María Ibáñez
Palma de Mallorca. Octubre de 2009

«Los acontecimientos venideros
proyectan su sombra por anticipado».

GOETHE

1
Las siete profecías mayas

«Del seno de la oscuridad nacerá la luz
que nos permitirá ver lo que nos rodea.
Y fue en ese momento cuando se aclaró el cielo
y empezó a subir el sol por el oriente».

POPOL VUH

De un tiempo a esta parte libros, videos, artículos, revistas, y prensa en general, en mayor o menor medida, se vienen haciendo eco de las claves proféticas que nos legaron los mayas hasta finales del año 2012. Unos, los más tremenditas, predicen la destrucción total de nuestra civilización a través de innumerables, sangrientas y desoladoras catástrofes de origen natural. Otros, en cambio, afirman que a partir de la fecha señalada y prevista por la antigua civilización precolombina –entre el 21 y el 25 de diciembre de 2012, según las distintas fuentes consultadas–, el ser humano se verá inmerso en una transformación que «implicará la transición hacia una nueva conciencia cósmica, el inicio de un nuevo concepto espiritual y el asentamiento de las bases para el nacimiento de una nueva era».

El universo maya

Sabemos que los mayas se extendieron por el sur de Yucatán, Guatemala y Honduras. Estaban convencidos del hecho de que antes de nuestro mundo habían existido otros: desaparecidos a consecuencia de las múltiples catástrofes sufridas. Para ellos, el universo estaba compuesto por tres niveles: el cielo, la tierra y el inframundo. La tierra estaba formada por trece capas y el inframundo, que transitaba por debajo de la tierra, se hallaba dividido en nueve capas. Al ser un pueblo eminentemente agrícola, se dedicaron a la observación del movimiento de los astros para controlar las distintas épocas de sembrado y recogida. Incluso, construyeron edificaciones que actuaban como observatorios celestes; transmitiéndonos estudios admirables sobre los períodos lunares y solares.

El año maya estaba compuesto por trece lunas o ciclos lunares de veintiocho días, correspondientes a una lunación completa, que sumaban 364 días; el día 365 estaba consagrado a la fiesta del *Día del tiempo fuera del tiempo*. A estas trece lunas, consagradas a los animales más importantes para la civilización maya, las denominaban: Luna del Murciélago, Luna del Escorpión, Luna del Venado, Luna de la Lechuza, Luna del Pavo Real, Luna del Lagarto, Luna del Mono, Luna del Halcón, Luna del Jaguar, Luna del Zorro, Luna de la Serpiente, Luna de la Ardilla, y Luna de la Tortuga.

Códices mayas

La civilización maya nos ha legado un sistema de escritura muy complejo. De dicho sistema –con el que trazaron temas relacionados con la astronomía, botánica, medicina, historia, matemáticas…–, al margen de las inscripciones talladas en piedra, huesos y cerámicas, actualmente se conservan cuatro códices.

Códice de Dresde: depositado en la biblioteca de la ciudad alemana de Dresde, refleja detalles tanto del sistema numérico como del calendario maya.

Códice de Madrid: conocido como Códice Tro-Cortesiano, refleja estudios sobre los horóscopos; incluyendo tablas astrológicas. Se encuentra en al Museo de América, en Madrid; compuesto por 112 páginas que contienen dos conjuntos diferenciados conocidos bajo los apelativos de Códice Troano y Códice Cortesiano.

Códice de París: también conocido como Códice Peresiano, en él se observan calendarios de ceremonias, rituales, profecías y un zodiaco compuesto por 364 días. Actualmente se encuentra celosamente guardado en la Biblioteca Nacional de Francia.

Códice de Grolier: conocido como Fragmento de Grolier, fue hallado en 1965 en una cueva de Chiapas (México). Se trata de un conjunto de once páginas, que contiene un calendario completo. En la actualidad está depositado en un museo de México.

Aunque muchos investigadores ponen en entredicho la autenticidad de las predicciones vaticinadas por los mayas, vale la pena reflejar de forma sucinta, los mensajes encerrados a través de sus siete profecías.

Primera profecía

Comprende los veinte años anteriores al año 2012. Durante los ocho primeros, 1992 al 1999, aunque nos cueste creerlo, los seres humanos transitamos por un extenso periodo de reflexión y de aprendizaje. Posteriormente, durante el periodo comprendido entre el 1999 y el 2012, nos enfrentaremos a una época de oscuridad que nos llevará, siempre y cuando tengamos conciencia de ello, a alcanzar la evolución necesaria para nuestra integración definitiva con el planeta donde habitamos.

Segunda profecía

Se pronostican cambios a partir del eclipse solar que tuvo lugar el día 11 de agosto de 1999. Este hecho que, como expusimos anteriormente, marca el punto de inicio del segundo periodo que nos llevará hasta el año 2012, nos acarreará fuertes dudas y desafíos personales. Algunos opinan que durante esta época los seres humanos tendremos la oportunidad de elegir nuestro propio camino a través del bien o del mal.

Tercera profecía

Nos habla de un aumento considerable de la temperatura global del planeta. Este hecho –que producirá cambios sustanciales a nivel climatológico, geológico y social de una dimensión sin precedentes–, provocará todo tipo de devastadoras catástrofes a nuestro alrededor.

Cuarta profecía

A consecuencia del calentamiento global que asolará nuestro planeta, los polos de la Tierra se derretirán; quedando sumergidos una buena parte de los continentes y superficies terrestres.

Quinta profecía

Vaticina grandes cambios para una sociedad, la nuestra, que transita a través de un consumismo desmesurado; previendo traumáticas interrupciones en nuestros sistemas de vida actuales (político, económico, cultural, religioso, social...), algo que, por desgracia –crisis, paro, políticos corruptos, estafas, prevaricaciones, delincuencia, pandemias...– estamos sufriendo actualmente.

Sexta profecía

Advierte de la llegada de un cometa a la Tierra. Este advenimiento –que supondrá un inminente peligro para el futuro de la humanidad– originará una más que posible colisión con nuestro planeta; provocando catástrofes jamás contempladas por el ser humano. Por otra parte, cabe señalar, que los mayas interpretaban la visualización de los cometas como una señal de cambio; transformación y evolución.

Séptima profecía

Nos remite un mensaje de optimismo. Durante el transcurso del periodo de trece años anteriores al 2012, al ser humano se nos brinda la oportunidad de cambiar nuestra forma de pensar, romper con nuestras limitaciones, encontrar la paz interior y darle un nuevo sentido al devenir de nuestra propia existencia.

ENIGMAS Y MISTERIOS
El mundo no finalizará en el año 2012

«En esta fecha –refiriéndose al 21 de diciembre de 2012– concluye el actual ciclo cósmico de aquella civilización precolombina (los mayas) lo cual es aprovechado por muchos agoreros para realizar espectaculares anuncios en busca de adeptos». Así se pronunciaba, en una entrevista realizada el 30 de julio de 2009 para la agencia EFE en México, el experto Alfonso Arellano del Instituto de Investigaciones Filológicas de la Universidad Autónoma de México (UNAM), en el transcurso de la conferencia titulada *Fuentes en piedra y papel*, organizada por el Instituto Nacional de Antropología e Historia (INAH): «Ese día se verá una gran estrella y el espectáculo será bonito, pero nada más, el mundo va a seguir, pues los mayas utilizaban sus augurios para momentos y lugares específicos y eso no se aplica a nosotros, en la actualidad», argumentó el conferenciante, para quien, las profecías mayas resultan sumamente concretas y no hablan de futuro ya que «únicamente señalan que el presente ciclo de la creación comenzó el 13 de agosto del año 3113 a.C. y que los sucesos de esta cosmogonía terminan en la referida fecha del año 2012». Según Arellano, las profecías mayas, aunque reflejan el orden divino, también podrían aplicarse al plano cotidiano: «Lo sagrado se funde con la cotidianidad, eso narran los códices, neutros y negativos, y advierten que conocer esto era vital para distinguir en qué días se podían o no realizar ciertas acciones».

«Esta sabiduría –señaló– se dejó grabada en piedra, papel, hueso y cerámica, en textos que no se leen sino que se cantan, se recitan, se hacen música, se bailan... porque de lo contrario no funcionan».

2
Nostradamus
El advenimiento del Gran Monarca

«En numerosas profecías antiguas se habla
de un *Gran Monarca*, que dirigirá el mundo
antes de la venida del *Anticristo*. Algunas profecías
añaden que un gran Papa, un *Pontifex Maximus*,
dotado de todas las virtudes, reinará en la iglesia
en la misma época del *Gran Monarca*».

JOSANE CHARPENTIER

Este personaje, enigmático y misterioso, nació en la localidad de la Provenza francesa de Saint-Rémy. Según la historia oficial que ha llegado hasta nuestros días, fue un gran experto en el zodiaco, calculó las posiciones y aspectos de los planetas y estableció los hechos y vicisitudes del devenir de los tiempos; creando una fantástica correlación entre el cálculo científico y las visiones proféticas. Todos estos conocimientos, siempre según la historia oficial, los adquirió gracias a la gran cantidad de libros heredados de sus antepasados, que le permitieron adquirir grandes conocimientos sobre alquimia, cábala y astrología.

Pero, siempre hay un pero, en su prefacio a la primera edición de las *Centurias*, la *Carta a César* (su hijo), Nostradamus alude a:

«...varios volúmenes que habían permanecido ocultos durante largos siglos (...) dudando del empleo que podría dársele, después de la lectura se los regalé al fuego de Vulcano. Y mientras el fuego los devoraba, la llama, lamiendo el aire, daba una claridad insólita, más intensa que la de una llama ordinaria; fulgurante como el rayo, iluminando la casa. Y, a fin de que no puedan abusar del futuro quienes estudiaran la total transformación que experimentaron la Luna y el Sol y bajo la Tierra los metales incorruptibles y bajo la Tierra las ondas ocultas, las he reducido a cenizas».

El *Gran Monarca*

Al margen de las alusiones al *Gran Monarca* que Nostradamus insertó en varias de sus *Cuartetas,* otros personajes –profetas o no– también han vaticinado la puesta en escena de este *Rey que reina pero no gobierna.* Citemos algunos ejemplos: durante la ceremonia del bautizo de Clovis I, fundador de la dinastía merovingia, en el siglo VI en la catedral de Reims, san Remigio arzobispo de la misma, profetizó el destino glorioso de la nación franca y el advenimiento de un Gran Monarca. Por otro lado, san

Cesáreo, en uno de sus textos proféticos, pronostica claramente lo siguiente:

«Después de que el mundo entero y en especial Francia, y en Francia las provincias septentrionales y orientales, y sobre todo la Lorena y la Champaña, hayan sufrido miserias y tribulaciones grandísimas, estas provincias serán socorridas por un príncipe que recuperará la corona del lirio. Al mismo tiempo habrá un gran Papa, hombre santísimo y consumado en toda perfección, quien tendrá de su parte al virtuoso vástago de la sangre de los reyes francos. Este rey ayudaría al Papa a reformar el mundo. Solo habrá una ley, una fe y un bautismo».

Esta profecía entronca perfectamente con el axioma principal del llamado Nuevo Orden Mundial: «Una única moneda, un solo gobierno y una sola religión».

Como caso curioso, vale la peña reseñar las palabras transmitidas, en pleno siglo XIII, por santa Mechtilde, sobre una orden destinada a renovar la cristiandad antes del fin del mundo: «…los Apóstoles de los Últimos Tiempos gozarán hasta nuestros días de una fortuna considerable». Curiosamente, el término de *Apóstoles de los Últimos Tiempos,* fue reivindicado –a raíz de las presuntas apariciones de la Virgen María en la aldea de La Salette, a 35 kilómetros de Grenoble, en 1846–, por la flor y nata del movimiento ocultista parisino del siglo XIX.

Vale la pena reseñar que, Nostradamus, principal protagonista de esta historia, deja bien claro que el *Gran Monarca*, profetizado por él mismo, no tiene que pertenecer necesariamente a la estirpe de los reyes de Francia. A continuación citaremos e intentaremos interpretar algunas de las cuartetas que reflejan la existencia de este siniestro personaje.

Por ejemplo, en esta cuarteta, se interpreta de forma diáfana que la persona tanto tiempo esperada, no regresará. Sin embargo, desde Oriente, vendrá alguien muy introducido en las artes herméticas, un iniciado, que será reconocido como *el más grande*.

> «Tan esperado no volverá jamás
> Dentro de Europa; en Asia Central aparecerá
> Uno del linaje salido del gran Hermes
> Y sobre todos los Reyes de lo Oriente crecerá».

Este *Gran Iniciado*, no estará solo. ¿Una sociedad secreta?

> «El Gran Monarca que hará compañía
> Con dos reyes unidos por amistad»...

Y este *Rey de Reyes*...

> «Como un grifo vendrá el Rey de Europa
> Acompañado por los de Aquilón».

Esta última predicción se nos antoja la más misteriosa de todas. Al *Grifo* –criatura legendaria originaria de Oriente que podemos apreciar en pinturas y esculturas de los antiguos pueblos babilonios, asirios y persas–, se le representa con la mitad superior de su cuerpo en forma de águila, y la mitad inferior con el cuerpo de un león; con una larga cola semejante a una serpiente. Pues bien, este majestuoso animal –muy arraigado en la mitología griega–, es el símbolo representativo de una sociedad secreta originaria de Grecia, Néphes (Niebla), instaurada en la ciudad francesa de Lyon en el siglo XVI, por un impresor apodado Griphe (Grifo). Esta sociedad secreta –la Niebla– también conocida como *Sociedad Angélica*, contó entre sus integrantes con los personajes más relevantes de la escena cultural, social y política de la Francia del siglo XIX.

Nada es lo que parece

Muchos acontecimientos importantes de nuestra historia están rodeados, sin duda alguna, por un denso halo de misterio. El que nos ocupa, como hemos podido apreciar hasta este momento, nos lo confirma totalmente. Porque, y si, en realidad, los escritos inspirados del astrólogo provenzal no tuvieran nada de proféticos. Vistos los acontecimientos –según exponen los autores de *El enigma sagrado,* entre otros–, en dichos escritos, realmente, se esconderían las claves ocultas, planificación, programación..., para ejecutar, en tiempo y forma, alguna maniobra fijada de antemano.

Según parece, antes de iniciar su trayectoria de profeta, Nostradamus, residió una larga temporada en Lorena. Dicen, también, que durante su estancia –donde accedió a los niveles más altos de una misteriosa sociedad oculta– le fueron transmitidos los secretos celosamente guardados en unos extraños manuscritos de origen desconocido. Dichos manuscritos, fueron hallados en la enigmática abadía cisterciense de Notre Dame D´Orval; donde, con toda seguridad, germinó la Orden de Notre-Dame de Sión, también conocida como el Priorato de Sión.

ENIGMAS Y MISTERIOS
La Doncella de Orleans

En uno de los muchos documentos aparecidos en la Biblioteca Nacional de París, la mayoría referentes a temas relacionados con el Priorato de Sión y el misterioso enclave de Rennes-le-Château, se relata un hecho bastante esclarecedor; a la vez que inquietante. Entre los pocos investigadores que han relacionado a la joven heroína francesa con el *Gran Monarca*, nos hemos encontrado a los autores de *El enigma sagrado*.

La vida de la Doncella de Orleans siempre se nos ha antojado arcana. Pero, sobre todo, hay un capítulo –reflejado en los manuales de historia–, que nos narra el encuentro de Juana con el rey Carlos VII. En este encuentro, que tuvo lugar en la sala magna del castillo de Chinon, al entrar la doncella para entrevistarse con el monarca, el rey, se escondió entre sus vasallos, poniendo a otro en su lugar, para burlarse de ella. Pues bien, según los documentos citados al principio, la explicación del suceso tiene otra versión, si cabe, mucho más misterioso. Y es que, Carlos VII «...se escondió entre sus cortesanos, no porque quisiera gastar una broma frívola, sino porque ya sabía de quien era ella embajadora. Y que ante ella él era poco más que un cortesano entre los otros». El mensaje que ella le transmitió –en privado– daba comienzo con estas intrigantes palabras: «Señor, vengo en nombre del Rey».

¿Ejerció Juana de Arco de embajadora del *Gran Monarca*?

3

Juan de Jerusalén
El profeta templario

«Veo y conozco. Mis ojos descubren en el cielo
lo que será y atravieso el tiempo de un solo paso.
Una mano me guía hacia lo que ni veis ni conocéis...
Veo y conozco lo que será. Soy el escriba».

JUAN DE JERUSALÉN

M uy poco nos habla la historia sobre este enigmático personaje. Se sabe que nació en las cercanías
de Vézelay, en la región francesa de Borgoña, en 1042, y
falleció en el año 1119 a los 77 años de edad. Juan de
Jerusalén, también conocido como Jean de Vézelay o Jean
de Mareuil, iniciado en las artes astrológicas, alquímicas y
esotéricas, sobre el año 1099, durante su estancia en
Jerusalén, mantuvo constantes encuentros secretos con
grandes ocultistas e iniciados, místicos y cabalistas; tanto
hebreos como musulmanes. Más tarde, formó parte de los
nueve caballeros franceses que, en 1118, fundaron la

Orden del Temple. Antes, en los albores del año 1110, escribiría unos manuscritos repletos de alusiones con tintes proféticos. Incluso, se plantea la posibilidad de que el conocido médico, astrólogo y profeta, también de origen francés, Michel de Notre-Dame (Nostradamus), se inspirara en los textos del templario para escribir sus famosas centurias.

Protocolo Secreto

Los escritos proféticos de Juan de Jerusalén fueron realizados a principios del año 1110. Durante más de ochocientos años el manuscrito fue salvaguardado a través de distintos círculos herméticos; donde era conocido como Protocolo Secreto. En el año 1941, durante la Segunda Guerra Mundial, el manuscrito fue localizado en una sinagoga de la ciudad polaca de Varsovia por miembros de la SS nazi. Con la entrada de las fuerzas soviéticas a la ciudad de Berlín, al parecer, el manuscrito fue hallado en el búnker de Hitler e, inmediatamente puesto a buen recaudo.

Años más tarde, fueron localizados por el profesor Galvieski en los archivos secretos de la KGB quien, en el año 1994 los publicó a través de una editorial francesa. Las investigaciones del profesor, le han llevado a la conclusión de la existencia de siete ejemplares del manuscrito. Tres le fueron entregados a Bernardo de Claraval a través del Gran Maestre de los templarios. De los cuatro restantes, hipotéticamente, uno estaría en los archivos secretos vaticanos; otro en la abadía de Vézelay, de donde desapareció durante el proceso contra los templarios; otro en poder de Nostradamus y, finalmente, cabe la posibilidad de que actualmente exista uno en alguno de los veinte monasterios ortodoxos que circundan el Monte Athos, en Grecia.

Escritos proféticos

En un manuscrito del siglo XV hallado en el monasterio de la Trinidad y San Sergio, en Zagorsk: setenta kilómetros al norte de Moscú, se define a Juan de Jerusalén como: «Prudente entre los prudentes, santo entre los santos, alguien que sabía leer y escuchar el cielo».

Juan de Jerusalén nos legó sus claves proféticas, sin duda, sobre los acontecimientos que tendrían lugar a finales del segundo milenio y durante el transcurso del tercero... Todas las profecías comienzan con la misma frase:

«Cuando empiece el año mil que sigue al año mil...».

Estas son algunas de ellas que, como se puede comprobar, resultan fáciles de interpretar.

Cuando empiece el año 1000 que sigue al año 1000...

«El hambre oprime el vientre de tantos hombres y el frío aterirá tantas manos, que estos querrán ver otro mundo. Y vendrán mercaderes de ilusiones que ofrecerán el veneno...

Pero este destruirá los cuerpos y pudrirá las almas; y aquellos que hayan mezclado el veneno con su sangre serán como bestias salvajes caídas en una trampa, y matarán, y violarán, y despojarán, y robarán; y la vida será un Apocalipsis cotidiano».

Cuando empiece el año 1000 que sigue al año 1000...

«Los hombres ya no confiarán en la ley de Dios, sino que querrán guiar su vida como a una montura; querrán elegir a los hijos en el vientre de sus mujeres y matarán a aquellos que no deseen. Pero ¿qué será de estos hombres que se creen Dios?».

Cuando empiece el año 1000 que sigue al año 1000...

«El hombre habrá cambiado la faz de la Tierra; se proclamará el señor y soberano de los bosques y las manadas. Habrá surcado el Sol y el cielo y trazado caminos en los ríos y en los mares. Pero la

Tierra estará desnuda y será estéril. El aire quemará y el agua será fétida. La vida se marchitará porque el hombre agotará las riquezas del mundo».

Cuando empiece el año 1000 que sigue al año 1000...

«La sangre se hará impura; el mal se extenderá de lecho en lecho, el cuerpo acogerá todas las podredumbres de la Tierra, los rostros serán consumidos, los miembros descarnados... el amor será una peligrosa amenaza para aquellos que se conozcan solo por la carne...».

Cuando empiece el año 1000 que sigue al año 1000...

«Las enfermedades del agua, del cielo y de la Tierra atacarán al hombre y le amenazarán; querrá hacer renacer lo que ha destruido y proteger su entorno; tendrá miedo de los días futuros. Pero será demasiado tarde; el desierto devorará la Tierra y el agua será cada vez más profunda, y en algunos días se desbordará, llevándose todo por delante como en un diluvio, y el día siguiente la tierra carecerá de ella y el aire consumirá los cuerpos de los más débiles».

Cuando empiece el año 1000 que sigue al año 1000...

«Todos sabrán lo que ocurre en todos los lugares de la Tierra; se verá al niño cuyos huesos están marcados en la piel y al que tiene los ojos cubiertos de moscas y al que se de caza como a las ratas. Pero el hombre que lo vea volverá la cabeza, pues no se preocupará sino de sí mismo; dará un puñado de granos como limosna, mientras él dormirá sobre sacos llenos. Y lo que dé con una mano lo recogerá con la otra».

Veo y conozco...

ENIGMAS Y MISTERIOS
La Abadía de Vézelay

La población de Vézelay está enclavada en la región de Borgoña; a doscientos veintiún kilómetros al sudeste de París. Esta pequeña ciudad que, según el censo del año 1999, contaba con cuatrocientos noventa y dos habitantes, debe su origen a una abadía Benedictina donde, al parecer, se conservaban los restos de María Magdalena. En dicha abadía, en el año 1096, Godofredo de Boullón da comienzo a la Primera Cruzada. Cincuenta años más tarde (1146), desde el mismo lugar, Bernardo de Claraval anuncia el comienzo de la Segunda Cruzada.

En 1840, los trabajos de restauración de la abadía son efectuados por Viollet-le-Duc; amigo y confidente del alquimista que maniobró bajo el seudónimo de Fulcanelli. También, como hecho curioso a destacar, Vézelay es el primer lugar de Francia donde se instauró al culto a María Magdalena.

4
San Malaquías
Profecías de los últimos papas

«Lo que he visto es espantoso.
¿Seré yo? ¿Será mi sucesor?
Lo cierto es que el Papa dejará Roma
y, para salir del Vaticano, deberá pasar
sobre los cadáveres de mis sacerdotes».

PREDICCIÓN DEL PAPA PÍO X

En 1595 un monje de la Orden Benedictina –Arnold de Wion– publicó en Venecia un trabajo titulado *Lignum Vitae* (Árbol de la Vida), en el que describe la vida y obra de los discípulos más representativos de La Orden de San Benito. Entre todos ellos, rememora la trayectoria de un obispo irlandés que falleció en 1148: san Malaquías. El monje Wion publicó los escritos proféticos referentes a los distintos ocupantes del trono pontificio bajo la autoría de san Malaquías: arzobispo de Armagh. Muchos han cuestionado dicha autoría y la veracidad de los escritos proféticos; generándose todo tipo de dudas y controversias alrededor de los mismos.

El profeta irlandés

Malachy O´Morgair (san Malaquías) nació en la población irlandesa de Armagh (1094). Entró a formar parte de la Orden Benedictina en la Abadía de Bangor –abadía que tiempo después él mismo reconstruyó–. Al cumplir la treintena se traslada a la diócesis de Armagh y, años después, a las puertas de la muerte, Celso, obispo de la citada diócesis, le nombra su sucesor; convirtiéndose así en primado de Irlanda.

Aunque se comenta que san Malaquías realizó considerables milagros a lo largo de su vida, y al parecer también después de su muerte, el hecho más trascendente y enigmático de la vida del obispo irlandés, son los escritos proféticos sobre el fin del mundo.

Estos escritos, hacen referencia a la lista de los distintos papas que ocuparon y ocuparán el trono de san Pedro; desde 1143 hasta el fin de los tiempos.

Presumiblemente, el santo profeta recibió dichas revelaciones cuando, en 1139, viajó a Roma para visitar al Papa Inocencio II. Privadamente, en soledad, fue partícipe de unas extrañas visiones del futuro; durante las cuales visualizó claramente a cada uno de los pontífices que dirigirían la iglesia católica, apostólica y romana.

Hemos escogido las siete últimas divisas –de un total de 112– que nos ha legado para la posteridad el monje profeta benedictino; añadiendo a cada de ellas un pequeño comentario. Como es obvio, que cada cual saque sus propias conclusiones:

Divisa 107: Pastor et Nauta (Pastor y Navegante)

Corresponde a Juan XXIII (Angelo Roncalli 25/11/1881-3/6/1963). Ocupó el trono papal desde 1958 hasta 1963. Antes de ser elegido Vicario de Cristo, fue patriarca de Venecia donde, motivado por las ocupaciones pastorales, transitaba frecuentemente a través de sus canales. Por otro lado es sabido que durante su infancia, el pequeño Angelo ayudaba a su padre y hermanos en los cuidados del rebaño.

Divisa 108: Flos Florum (Flor de Flores)

Corresponde a Pablo VI (Juan Bautista Montini 26/9/1897-6/8/1978). Llevó las riendas vaticanas entre 1963 y 1978. El escudo heráldico de la familia Montini contiene tres flores de Lis. Dicha flor es conocida como *la flor de las flores*.

Divisa 109: De Mediatate Lunae (De la Media Luna)

Corresponde a Juan Pablo I (Albino Luciani 17/10/1912 -28/9/1978). Fue elegido papa el primer día del último cuarto lunar: el 26 de agosto de 1978. El día de su muerte, 28 de septiembre de 1978 –en extrañas circunstancias–, también brillaba en el cielo el último cuarto de Luna.

Estos hechos adquieren un gran significado esotérico en la corta duración de su papado.

Divisa 110: De Labore Solis (Del Trabajo del Sol)

Corresponde a Juan Pablo II (Carol Woityla 18/5/1920-2/4/2005). Ocupó el trono pontificio entre 1978 y 2005. De origen polaco, y de familia trabajadora y humilde, algunos estudiosos interpretan esta divisa como:

«...que cumple el trabajo del Sol» o «del trabajador que vino del Este». No olvidemos que Polonia está enclavada en el Este de Europa y, por el Este sale el Sol.

Divisa 111: De Gloria Olivae (De la Gloria del Olivo)

Corresponde al papa que actualmente dirige los designios de la iglesia católica: Benedicto XVI (Joseph Ratzinger), nacido el 16 de abril de 1927 en la región alemana de Baviera. La interpretación que más está transitando por algunos círculos ocultistas, nos lleva hasta la elección de su propio nombre: Benedicto. Y es que este apelativo, tendría mucho que ver con la Orden Benedictina –fundada por Benito de Nursia–, que utilizaría como símbolo un olivo.

Divisa 112: Petrus Romanus (Pedro el Romano)

Llegamos a la divisa que se corresponde con el supuesto nombre que adoptará el último papa de la lista de san Malaquías: Petrus Romanus. En este caso, el profeta irlandés nos transmite algo más que una simple divisa:

«Cuando llegue la extrema persecución contra la santa iglesia romana se sentará (en la cátedra del primer Pedro) Pedro el Romano, quien apacentará a su rebaño entre grandes tribulaciones; cuando todo se haya consumado, la ciudad de las siete colinas (Roma) será destruida y el Gran Juez juzgará a su pueblo».

Profetizó el futuro de Irlanda...

Al margen de sus visiones sobre el fin del mundo y de la iglesia católica a través de los ocupantes del trono papal, también profetizó el futuro de su patria: Irlanda. Así lo vaticinó:

«Irlanda sufrirá la opresión inglesa durante una semana de siglos, pero siempre será fiel a Dios y a su iglesia. Al final de este período Irlanda será libre y los ingleses, a su vez, tendrán unos severos castigos. Sin embargo, Irlanda desempeñará un gran papel en la vuelta de la verdadera fe de los ingleses».

...y su propia muerte

Malaquías falleció en el monasterio cisterciense de Clairvaux –en el departamento francés del Aube–, al amanecer del 2 de noviembre de 1148, en los brazos de su gran amigo y confidente Bernardo de Clairvaux –sobrino de uno de los fundadores de la Orden del Temple: André de Montbard–. Unos meses antes, el irlandés predijo:

«En Claivaux, aquel mismo año, sería despojado de su cuerpo, el día está próximo. ¿Y qué día? El día de la Conmemoración de los Difuntos».

ENIGMAS Y MISTERIOS
Los Manuscritos Proféticos

El monje benedictino Arnold de Wion –que como citamos anteriormente publicó los escritos proféticos en 1595–, nació en 1554 en Douai, en el norte de Francia. Autor de diversos tratados sobre la historia de la orden en la que profesaba, en su *Lignum Vitae,* como prefacio a los textos visionarios escritos por san Malaquías, escribe:

«Escribo algunos opúsculos. Hasta hoy mismo no he tenido la oportunidad de leer ninguno, excepto una profecía relativa a los soberanos pontífices. Como es muy breve, y que yo sepa no ha sido impresa todavía, y dado que a muchos les complacerá conocerla, paso a copiar aquí su texto». A continuación de esta introducción el monje transcribió textualmente todas las divisas del profeta Malaquías.

Según esbozan algunos estudiosos de las profecías —a raíz de los disturbios políticos que asolaban el norte de Francia—, Arnaold de Wion se vio obligado a trasladarse a un monasterio de la localidad de Mantua, en la región italiana de Lombardia. Allí, en 1590, según el testimonio del propio Arnold, rebuscando en la biblioteca encontró los manuscritos originales sobre las controvertidas profecías de los papas.

5
Isaac Newton
El hereje oculto

«Si he conseguido ver más lejos que otros hombres
es porque me he aupado a hombros de gigantes».

ISAAC NEWTON

En 1687 publicó *Philosophiae Naturalis Principia Mathematica*, más conocido como los *Principia*, donde describió la ley de la gravedad. Esta obra marcó un punto de inflexión en la historia de la ciencia. Fue el primero en demostrar que las leyes naturales que gobiernan el movimiento de la Tierra y las que gobiernan el movimiento de los cuerpos celestes son las mismas. Pero también profundizó en los secretos de la alquimia, formó parte de distintas sociedades secretas y profetizó el Apocalipsis. Según sus propias palabras: «Si he conseguido ver más lejos que otros hombres es porque me he aupado a hombros de gigantes».

Ley de la Gravedad

Entre 1667 y 1669 inicia estudios de óptica, descubre el método de las fluxiones y desarrolla lo que hoy se conoce como cálculo diferencial. En 1669 obtiene la cátedra lucasiana de matemáticas en la Universidad de Cambridge, en la que imparte clases de álgebra y teoría de las ecuaciones durante diez años (1673-1683).

En este periodo verifica su ley de la gravedad y establece la ciencia moderna de la dinámica formulando las tres leyes del movimiento. Aplicando estas leyes a las del astrónomo Johannes Kepler sobre el movimiento orbital, deduce la ley de la gravitación universal. En 1687, Newton defiende la independencia de la Universidad de Cambridge frente a los intentos del rey Jacobo II de Inglaterra de convertirla en una institución católica.

La gran obra de Newton culminó la revolución científica iniciada por Nicolás Copérnico e inauguró un periodo de confianza sin límites en la razón; extensible a todos los campos del conocimiento. Newton fue respetado como pocos científicos. Prueba de ello son los distintos cargos de importancia que ejerció en el transcurso de su vida: en 1689 fue elegido miembro del Parlamento; en 1696 director de la Casa de la Moneda y en 1703 presidente de la Royal Society, cargo que desempeñó hasta el final de su vida. Es importante resaltar el hecho de que todos los miembros fundadores de la Royal Society eran francmasones.

A este respecto, Michael Baigent, Richard Leigh y Henry Lincoln, autores de *El enigma sagrado*, señalan:

«Cabría argüir razonablemente que la propia Royal Society, al menos en sus comienzos, era una institución masónica, derivada a través de las Uniones Cristianas de Andrea, de la invisible Hermandad Rosacruz».

Alquimia en el Templo de Salomón

Newton realizó uno de los mejores estudios sobre el Templo de Salomón, amén de numerosos diagramas con notas manuscritas que demuestran su gran erudición. El autor, que conocía a la perfección el hebreo, el caldeo y el arameo, se basó especialmente en la visión de Ezequiel: «El Templo de Salomón junto con sus atrios no ha sido descrito suficientemente en ningún sitio, salvo en las visiones de Ezequiel. (…) Cabe esperar que los edificios levantados sobre los mismos cimientos se clarifiquen mutuamente».

No solo utilizó las fuentes bíblicas para sus estudios históricos, sino también a Flavio Josefo Maimónedes y Filón de Alejandría, entre otros, demostrando grandes conocimientos filológicos y claridad de ideas en cuanto a la arquitectura y la descripción de la corte interior del Templo. Newton creía que los patriarcas judíos poseían un conocimiento de origen divino y que la arquitectura del Templo de Salomón escondía fórmulas secretas alquímicas. Al mismo tiempo, estaba convencido de que las ceremonias que realizaba Salomón eran experimentos alquímicos.

El economista Lord Keynes definió a Newton como el último de los magos «porque contemplaba el Universo y todo lo que en él se contiene como un enigma, como un secreto que podía leerse aplicando el pensamiento puro a cierta evidencia, a ciertos indicios místicos que Dios había diseminado por el mundo para permitir una especie de búsqueda del tesoro filosófico a la hermandad esotérica».

Navegante del Priorato de Sión

Según los Dossiers Secrets, una serie de opúsculos que aparecieron en París a finales de los cincuenta y principios de los sesenta, Isaac Newton había pertenecido al Priorato de Sión; desde el año 1691 hasta su muerte en 1727. Durante estos treinta y seis años había ostentado el cargo de Gran Nautonnier. En aquellos años los amigos más íntimos de Newton eran Robert Boyle y John Locke. Boyle, que curiosamente también aparece en los opúsculos como su antecesor en la orden, al parecer, fue su introductor en los secretos de la alquimia. Los tres se reunían habitualmente en la biblioteca de Boyle que contaba con una muy nutrida colección de obras alquímicas. Una de ellas, perteneciente a Nicolás Flamel, la había traducido y copiado pacientemente a mano.

Por otro lado, Locke, que pasaba largas temporadas en el sur de Francia, visitaba con asiduidad las tumbas de Nostradamus y René d´Anjou...

El fin del mundo

En 1930 la casa *Sotheby´s* de Londres, subastó una serie de manuscritos sobre teología y alquimia que habían permanecido ocultos en poder de la familia Portsmouth, parientes muy lejanos de Newton. Varios de ellos fueron adquiridos por el economista Maynard Keynes, y otros tantos fueron a parar a manos de un coleccionista llamado Abraham Yahuda, que los donó a la Librería Nacional Hebrea de Jerusalén.

A mediados del año 2003, la cadena de televisión BBC emitió el programa Newrton: The Dark Heretic (Newton: el hereje oculto), donde el académico Stephen Snobelen, del King´s College de la Universidad de Halifax (Nueva Escocia, Canadá), fue el encargado de mostrar los documentos escritos por el científico. En uno de ellos, Newton calcula el año en que tendría lugar el Apocalipsis. Partiendo de sus indagaciones en el Libro de Daniel, en el que se menciona que serán 1260 años los que precederán al fin de todos los tiempos, Newton interpreta que el periodo de 1260 años habría dado comienzo en el año 800, cuando la iglesia católica adquirió un poder político superior al de los demás estados.

Sumando 1260 a 800, predijo el fin del mundo para el año 2060.

Por desgracia, muchos de sus estudios dedicados a la alquimia, el ocultismo, el misticismo o la teología desaparecieron para siempre. Además, poco antes de fallecer y ayudado por sus amigos más íntimos, quemó numerosas cajas que contenían manuscritos y papeles personales.

ENIGMAS Y MISTERIOS
Los Profetas de Cévennes

Isaac Newton mostró un gran interés y una elevada simpatía por los Profetas de Cévennes o camisardos. Llamados así a causa de sus túnicas blancas, *les camisards,* como sus antecesores los cátaros, que también habían surgido en el sur de Francia, se oponían al poder de Roma y ponían en entredicho la divinidad de Jesús. A los camisardos se les conoce en círculos religiosos como los Profetas Franceses y, al parecer, sus seguidores y seguidoras se sienten inspirados directamente por el Espíritu Santo. Expulsados del Languedoc encontraron refugio en Ginebra y en Londres, donde se instalaron en el año 1705. El contacto de Newton con los Profetas de Cévennes, se atribuye a un enigmático

personaje que conoció en el año 1690: Nicholas
Fatio de Duillier.

Este personaje, descendiente de la aristocracia gine-
brina, no tan solo mantuvo contacto con los científicos más importantes de la época, sino que también, trabajó como espía contra Luis XIV de Francia.
Desde su aparición en Inglaterra se convirtió en uno
de los amigos más íntimos de Isaac Newton.

Giu. Mazzini.

6

Albert Pike
y Giuseppe Mazzini
¿Profetas o conspiradores?

«La Humanidad corre el riesgo de desaparecer
sin haber adquirido conciencia de dónde procede, sin
saber si su destino fue dirigido por poderes
desconocidos y falseado en su curso natural».

ROBERT CHARROUX

En 1967, William Guy Carr, ex agente de los servicios secretos británicos, en su libro *Pawns in the Game* (Peones en el juego), nos hizo partícipes de una inquietante revelación: el contenido de la correspondencia que mantuvieron Albert Pike y Giuseppe Mazzini –miembros de la cúpula de los Illuminati– entre 1870 y 1871. En estas cartas cruzadas entre ambos, celosamente custodiadas en la Biblioteca del Museo Británico de Londres, al parecer sin posibilidad alguna de consulta, asistimos a la planificación, con todo lujo de detalles, de los acontecimientos más importantes de la historia futura de la

Humanidad. La planificación resulta tan simple como efectiva: organizar y utilizar el comunismo, el nazismo, el sionismo político y otros movimientos internacionales para fomentar tres guerras mundiales.

Albert Pike

Es considerado el autor de la estrategia de dominio mundial. A partir de 1840 se convirtió en el hombre de confianza de Giuseppe Mazzini dentro de la orden de los Illuminati; y en su principal ideólogo desde la mansión con trece habitaciones que se construyó en Arkansas, número que no obedecía al azar, sino a una calculada predeterminación simbólica. En efecto, la misteriosa cúpula del Poder Oculto mundial es conocida como el Tribunal de los Trece, por el número de sus componentes.

Más tarde organizó el Nuevo Rito Paladino Reforzado, para encubrir la continuidad de la orden. Bajo su inspiración, Mazzini, diversificó la organización en tres consejos supremos (uno en Charleston, otro en Roma y otro en Berlín) y en veintitrés consejos de segundo orden repartidos por el mundo. Fue Pike, en fin, quien a la muerte de Giuseppe Mazzini decidió que al frente del movimiento, le sustituyera otro *iluminado*; el italiano Adriano Lemmi.

Giuseppe Mazzini

Revolucionario y extremista italiano: fundador de la Joven Italia y de la Joven Europa. Investigadores independientes descubrieron que en 1834, pocos años después del fallecimiento de Adam Weishaupt (fundador el 1 de mayo de 1776 de los Iluminados de Baviera: los Illuminati), fue elevado a la dignidad suprema de los mismos, la cual ejerció hasta su muerte, acaecida en 1872.

La Primera Guerra Mundial

Debería hacer posible que los Illuminati derrocaran el poder de los zares en Rusia, y transformar este país en la fortaleza del comunismo ateo. Para fomentar esta guerra había que utilizar las diferencias suscitadas por los agentes de los Illuminati entre los imperios británico y alemán –también la lucha entre el pangermanismo y el paneslavismo–. Una vez concluida, se debía edificar el comunismo y utilizarlo para destruir otros gobiernos y debilitar las religiones. (Otras versiones precisan que dicha confrontación mundialista debía terminar con el Imperio Austrohúngaro y poner la primera piedra al declive de la hegemonía europea).

La Segunda Guerra Mundial

Debía fomentarse aprovechando las diferencias entre fascistas y sionistas políticos. La lucha debía iniciarse para destruir el nazismo e incrementar el poder del sionismo político, con tal de permitir el establecimiento del Estado Soberano de Israel en Palestina. Durante la Segunda Guerra Mundial se debía edificar una internacional comunista lo suficientemente fuerte como para equipararse a todo el conjunto cristiano. En este punto se la debía contener y mantener para el día que se la necesitase para el cataclismo social final.

Los objetivos de estas dos guerras diseñadas hace más de dos siglos se han conseguido. Ahora veamos, según Albert Pike y Giuseppe Mazzini, lo que ocurrirá en la Tercera Guerra Mundial.

La Tercera Guerra Mundial

Se debe fomentar aprovechando las diferencias promovidas por los agentes de los Illuminati entre el sionismo político y los dirigentes del mundo musulmán. La guerra debe orientarse de forma tal que el Islam y el sionismo político se destruyan mutuamente, al tiempo que las demás naciones, divididas entre sí, y una vez más enfrentadas unas contra otras por culpa del conflicto, se vean forzadas a tomar partido por uno u otro de los bandos y a luchar entre ellas hasta sumirse en un estado de agotamiento total, tanto físico como mental, espiritual y económico.

Como de forma muy acertada escribió el periodista Ismael Medina: «¿Poseían Pike y Mazzini una formidable capacidad adivinatoria o pertenecían a un grupo secreto tan poderoso como para trazar y llevar adelante, a muy largo plazo, una estrategia de poder mundial susceptible de ser cumplida con tamaño rigor? Algunos pueden creer lo primero tras un cotejo superficial entre esta correspondencia y las más famosas profecías que circulan desde hace siglos. Pero entre estas y aquella existe una diferencia fundamental: mientras las segundas utilizaban de un lenguaje metafórico que se presta a multitud de interpretaciones subjetivas, las previsiones de Mazzini y Pike son de tal precisión que más bien parecen las directrices fundamentales de un Estado Mayor para un conflicto de largo alcance».

La Magna Carta del Futuro

En 1899, casi treinta años después de haberse producido la correspondencia arriba indicada, Henry Pereira Mendes, jefe de la comunidad sefardí de los Estados Unidos, describió, a modo de ficción, en su libro *Looking Ahead* (Mirando Adelante), los acontecimientos que se producirían antes, durante y una vez finalizada la Primera Guerra Mundial; el parecido entre los hechos relatados en la novela y la realidad no son pura coincidencia, todo lo contrario, ya que se esbozan acontecimientos de los que solo se puede hablar si se conoce, de hecho, la dinámica organización del mundo. Esta profecía de Pereira Mendes ha quedado registrada en la historia como La Magna Carta del Futuro.

ENIGMAS Y MISTERIOS
El número 13 y el Gran Sello de los Estados Unidos

Como decíamos anteriormente, Alber Pike se construyó una mansión en Arkansas con trece habitaciones: número que no obedecía al azar, sino a una calculada predeterminación simbólica. Pues bien, si observamos el reverso de un billete de dólar, en la parte derecha, vemos un águila americana con las alas desplegadas y que posee trece plumas en la cola; sostiene en su pata derecha una rama de olivo y un manojo de trece flechas en la izquierda. Sobre su cabeza, una constelación de trece estrellas forma el símbolo de la estrella de David en el interior de una nube. El águila transporta en su pecho un escudo compuesto por trece barras. Algunos investigadores han llegado a la conclusión de que el número trece, que como hemos visto, aparece constantemente en el dólar, representa un periodo de trece años, que se corresponden con los trece niveles de la pirámide truncada. Curiosamente, si tomamos como base el año 1776, cifras en números romanos que aparecen al pie de la pirámide truncada que se aprecia en el mismo reverso del billete y, curiosamente, también el año de la fundación de los Iluminados de Baviera, y añadimos 169 (13 ciclos de 13 años) nos conduce hasta el año 1945.

El 20 de junio de 1782 el congreso norteamericano aprobó por unanimidad el diseño del Gran

Sello de los Estados Unidos de América. Muchos años después, concretamente en 1945, como culminación del proceso, el presidente Franklin Delano Roosevelt ordenó imprimir el Gran Sello en la parte posterior del billete de dólar.

Según Michael Howard (La Conspiración Oculta) investigador de temas relacionados con las sociedades secretas: «El diseño del Gran Sello fue un esfuerzo conjunto de un comité entre cuyos miembros estaban Benjamín Franklin y George Washington, pero parece ser que les ayudó la extraña intervención de una persona misteriosa cuya identidad y nombre reales desconocemos». Se referían a él simplemente como el Profesor y se «trataba de un hombre anciano que poseía unos conocimientos extraordinarios sobre los acontecimientos históricos del siglo anterior, como si los hubiera presenciado». Momentos antes de abandonar la reunión, el Profesor, predijo que América ocuparía pronto el lugar que le correspondía como una nación nueva reconocida por todos los gobiernos del mundo, y que estaba destinada a representar el papel más importante en la transición de la era de Piscis a la de Acuario. Esta transición, que dio comienzo en 1776, fecha muy significativa para los círculos iluministas, finalizará en el año 2025. Sin duda, estas predicciones reflejan de forma fidedigna esa especie de mesianismo pseudoreligioso que ha impregnado, desde siempre, la idiosincrasia de los dirigentes del pueblo norteamericano.

7
Julio Verne
¿Profeta o iniciado?

«No soy más que el instrumento en
la mano del organista».

JULIO VERNE

El autor que durante años nos ha llevado a través de la
imaginación a la caza y captura de extraordinarias
aventuras, provocando que varias generaciones soñaran
con ser los principales protagonistas de sus fantásticos viajes, nació en la ciudad francesa de Nantes el 8 de febrero
de 1828; en el seno de una familia acomodada. Muchos se
han hecho eco del carácter profético de sus novelas: todo
lo que imaginó más tarde sucedió. Lo que nos lleva a plan-
tearnos algunas preguntas. ¿Tuvo visiones de futuro? ¿Fue
un profeta? O, ¿simplemente fue un iniciado que estuvo en
contacto con sociedades secretas ocultas que le transmitie-
ron secretos inaccesibles; cuya única forma de difusión era
a través de extraordinarias narraciones de aventuras?

Una vida disciplinada

En 1848 se traslada a París. Allí, al margen de codearse con escritores famosos como Víctor Hugo y Eugenio Sue, traba una gran amistad con Alejandro Dumas (hijo), y más tarde se convierte en el protegido de Alejandro Dumas (padre), que en aquellos momentos se encuentra en la cumbre de su carrera literaria. De la mano de su mentor, es introducido, no tan sólo en los salones más importantes de la cultura parisina sino también, en los círculos herméticos velados para el común de los mortales.

Nueve años después (en 1857), consigue un préstamo a través de su padre y se establece como agente de bolsa. A partir de entonces la vida de Verne se convierte en una rutina de trabajo disciplinada y sistemática. Entre las cinco y la diez de la mañana se dedica a escribir (escribe en la parte derecha de su cuaderno guardando la parte izquierda para las correcciones). Desde las diez de la mañana a las dos de la tarde se dedica a su trabajo de corredor de bolsa. Después de comer, visita obligada a la biblioteca para leer la prensa, revistas científicas y tomar apuntes para sus novelas. Cinco años después (1862), su protector, Alejandro Dumas, le presenta al que será editor de todas sus obras: Jules Hetzel.

¿Profeta o Iniciado?

Contrariamente a la opinión de muchos sobre las facultades proféticas del novelista de Nantes, el propio Verne aseguraba estar en posesión de importantes documentos desconocidos sobre inminentes progresos científicos. Esto nos lleva a una conclusión: su más que posible contacto con fuentes de información veladas para el común de los mortales. Por ejemplo, actualmente sabemos de la pertenencia a distintas sociedades secretas culturales y esotéricas tanto de su preceptor, Alejandro Dumas, como de su editor, Jules Hetzel; amén de una inmensa mayoría de personajes relacionados, en mayor o menor medida, con los círculos intelectuales de la época.

Pero el genial hombre que predijo el viaje a la Luna, la vuelta al mundo, el viaje al centro de la Tierra y el viaje en submarino, entre otros, nos tenía preparada una fantástica sorpresa.

París en el siglo XX

En 1863, Julio Verne escribió una obra realmente extraordinaria: *París en el siglo XX*. El libro fue rechazado por su editor –que se negó a publicarlo por considerarlo demasiado negativo–, el manuscrito permaneció en la sombra durante más de ciento treinta años. Así nos lo contaba el incansable investigador y escritor Javier Sierra en un interesantísimo artículo aparecido en el número 53 de la revista *Año Cero*; a raíz de la publicación, en 1994, de la obra perdida de Julio Verne: «Jean Verne, bisnieto del genial escritor, decide abrir un cofre de 900 kilos de peso, herméticamente sellado, heredado de su abuelo Michel». En su interior descubre, entre diversos enseres de sus antepasados, dos plumas estilográficas, varias letras del tesoro con fecha anterior a la revolución bolchevique «…y un fajo de páginas amarillentas encabezadas por un extraño y evocador título: *París en el siglo XX*».

La novela se inicia el 13 de agosto de 1960 en la ciudad de París. Su joven protagonista principal, Michel Jerôme Dufrénoy; se dispone a recoger el Primer premio de versos latinos; uno de los laureles concedidos por La Sociedad General de Crédito Instruccional, versión moderna del extinguido Ministerio de Educación, que premia los logros alcanzados por los jóvenes estudiantes franceses. En las ediciones anteriores, los premios habían sido adjudicados a estudiantes que dominaban disciplinas académicas como economía, ingeniería, matemáticas… Por tal motivo, al recibir su premio, Michel es abucheado y vilipendiado por los asistentes; totalmente integrados en una sociedad regida por las ciencias y dominada por grandes corporaciones financieras.

Por otro lado, al margen de anticipar la visión de una futura sociedad dominada por los tecnócratas, Verne, en 1863, describe con todo lujo de detalles las futuras transformaciones a las que se verá inmersa la capital francesa. Expongamos alguna de ellas:

«Los parisinos iban de un lado a otro de la ciudad en un ferrocarril metropolitano formado por cuatro círculos concéntricos».

«La mayor parte de los innumerables coches que surcaban la calzada de los bulevares lo hacían sin caballos; se movían por una fuerza invisible».

«Tiendas ricas como palacios donde la luz se expandía en blancas radiaciones, esas vías de comunicación amplias como plazas, esas plazas bastas como llanuras, esos hoteles inmensos».

«Ya no cortaban la cabeza a nadie. Le fulminaban con una descarga».

«Los ferrocarriles pasarán de las manos de particulares a las del estado».

«¡Concierto eléctrico! ¡Y que instrumentos! (...) doscientos pianos comunicados entre sí a través de una corriente eléctrica tocaban juntos de la mano de un solo artista».

Sea como fuere, el genial autor de novelas de ciencia ficción, falleció el 24 de marzo de 1905; aquejado de diabetes y dolorido por una intensa cojera que le sobrevino a raíz de un disparo propinado por su sobrino Gastón. Según Michel Lamy, antes de atentar contra su vida, Gastón le gritó: «Te persiguen. Quieren acabar contigo. Hay personas que no te han perdonado». A raíz de este incidente, al parecer, Verne quemó gran parte de sus archivos.

Un consejo, volvamos a leer las obras de Julio Verne. Seguro que al margen de disfrutar con sus personajes, sus viajes y sus aventuras, nos encontraremos con alguna pieza del gran rompecabezas que conforma nuestra propia existencia o, como dijo el escritor, también francés, Jacques Bergier: «Con alguna de las porciones del pudin mágico».

ENIGMAS Y MISTERIOS
La Niebla o Sociedad Angélica

No lo reflejan los manuales de historia pero, al parecer, escritores de renombre como Julio Verne, Alejandro Dumas, George Sand o Gérard de Nerval; maestros de la pintura como Delacroix o Poussin; influyentes personajes de la escena cultural, social y política de la Francia del siglo XIX, pertenecieron a una sociedad secreta conocida como La Niebla o Sociedad Angélica. Michel Lamy, en su libro *Jules Verne, initié et initiateur* (Julio Verne, iniciado e iniciador), escribe: «Fue investigando la vida de Verne como llegué a encontrarme por primera vez con una sociedad secreta conocida como La Niebla o Sociedad Angélica a la que éste estuvo vinculado durante buena parte de su vida».

El propio Verne nos va dejando pistas en sus obras. Por ejemplo, el personaje principal de *La vuelta al mundo en 80 días,* Phileas Fogg. Supuestamente, Phileas vendría del latín *filius* (hijo) y Fogg de la palabra inglesa *fog* (niebla), lo que resulta *Hijo de la Niebla*. Por otro lado también se ha especulado que Phileas vendría de un verbo del antiguo griego que significaría *el que gusta*, lo que resultaría *El que le gusta la Niebla*.

En otras novelas como *El castillo de los Cárpatos* o *Viaje al centro de la Tierra*, Verne nos habla de la fundación, en 1818, de una sociedad literaria que nos recuerda muchísimo a la propia *Niebla*.

8

Profecías de Rasputín
¿El elegido del dragón?

«Mi padre no sólo era vicioso y sin escrúpulos,
también era, un hombre generoso, con una gran fuerza
espiritual y con el don de poder ver y oír aquello
que la mayoría de los hombres
no saben ver y no saben oír».

MARÍA, HIJA DE RASPUTÍN

Grigorij Yefimovich Rasputín nació el 22 de enero de 1869 en Pokróvskoie: región de Tobolsk, (Siberia, Rusia). Pasó una temporada en el monasterio de Verkhoturye donde, al parecer, estableció contacto con una secta cristiana prohibida: los *Khlysty* (Flagelantes). Éstos, según la enciclopedia: «Enseñaban que dentro de cada ser humano habita una pequeña chispa divina –la llama interna–, y el reconocimiento de esta esencia mágica dentro de cada hombre era suficiente para librarse de cualquier tipo de restricciones, ya fueran sociales, sexuales o intelectuales».

Tiempo después, entra a formar parte de la iglesia orto-doxa y, tras un tiempo de reclusión, inicia una etapa de peregrinaje que le llevará al monte Athos, Grecia, Jerusalén y, finalmente San Petersburgo; donde pronto se convierte en un personaje muy popular, tanto por sus supuestos poderes curativos y proféticos, como por su conducta licenciosa. Sus famosas orgías escandalizaron a la opinión pública rusa y sus borracheras y juergas se han hecho legendarias.

En 1905 aparece en la corte del zar Nicolás II causando una gran impresión a los monarcas –sobre todo a la emperatriz Alejandra Fiódorovna–, que a partir de aquel instante sigue ciegamente las indicaciones de Rasputín; al que considera el salvador de su hijo Alexis, aquejado de hemofilia.

Al estallar la Primera Guerra Mundial, el zar se dirige al campo de batalla para asumir el mando de sus ejércitos; hecho que aprovecha Rasputín para controlar el gobierno. Antes, había profetizado que «los ejércitos rusos solo vencerían si era el mismísimo zar el que los dirigía». Más tarde fue acusado de antipatriota por su fuerte oposición a la participación de Rusia en la contienda: desencadenándose todo tipo de rumores en cuanto a su posible conspiración a favor de Alemania.

De todas formas, vale la pena reseñar un hecho que nos resulta de vital importancia. El autor francés Jean Robin, en *Hitler, el elegido del dragón*, nos habla de un grupo que dominaría gran parte de las cuestiones políticas del mundo: Los Setenta y Dos. Este grupo, inspirador directo de la sociedad del Dragón Verde, habría colocado estratégicamente a sus agentes en el entorno del zar Nicolás II.

Así nos lo cuenta: «No es de extrañar, por lo tanto, que Obolensky, el director ruso de Correos, cayese en desgracia por haber manifestado al zar su inquietud frente a la abundancia de telegramas cifrados recibidos por Rasputín y que estaban firmados por El Verde. Dichos telegramas procedían de Suecia, donde se encontraba entonces el centro oculto al que Rasputín obedecía servilmente y que, para colmo, se había infiltrado en el entorno del zar».

La Virgen María y los milagros

En el transcurso de sus viajes, Rasputín, causó una gran impresión a los miembros de la aristocracia. Fueron muchos los testimonios recogidos sobre sus capacidades proféticas y milagrosas; amén de sus extraordinarios dotes para la telepatía y la clarividencia: «Convertía la tierra en roca, curaba a enfermos terminales y paralíticos, y adivinaba el futuro». Estos hechos –que llegaron a oídos de la corte imperial–, hicieron que el monje fuera recibido por el zar y la zarina; con la esperanza de curar la enfermedad que acuciaba al príncipe heredero. Cuando Rasputín se acercó al lecho donde estaba el pequeño Alexis, aquejado de hemofilia «le impuso las manos, consiguiendo que a la mañana siguiente, asombrara a sus familiares correteando por la estancia del palacio aliviado por completo de su dolencia».

Por otro lado, el propio Rasputín manifestaba que se le había aparecido la Virgen María. De hecho, el motivo principal de su viaje a San Petersburgo, según sus propias manifestaciones: «La Virgen María se me apareció y me pidió que fuese a San Petersburgo para ayudar a la familia real».

Profetizó su propia muerte

Al estallar la Primera Guerra Mundial, el *monje siberiano*, había adquirido grandes cotas de poder y ejercía una influencia sin límites sobre Nicolás II. Cada vez eran más los estamentos contrarios a las intrigas políticas del profeta que se había convertido en el director de orquesta de la política zarista. Finalmente, la madrugada del 29 de diciembre de 1916, una trama urdida por el príncipe Yusupov y el gran duque Demetrio Románov, acabaría con la leyenda del *monje loco*: Rasputín. Después de envenenarlo y tirotearlo, lo envolvieron en una alfombra y lo arrojaron al río Neva.

Tras la muerte de Rasputín, que él mismo había profetizado: «Me he visto todo lleno de sangre. Preguntar a los grandes duques», sus escritos proféticos y su correspondencia personal desaparecieron. Fue en la ciudad de París, donde tiempo después, comenzaron a aparecer de forma regular algunos de sus escritos; varios de ellos en posesión de un tránsfuga llamado Lavancenski. En dichos escritos, se reflejaban los acontecimientos que tendrían lugar en Rusia y en el resto de Europa. Es decir, en el devenir del siglo XX.

Profecías sobre Rusia

En una carta remitida a la zarina Alexandra: fechada el 7 de diciembre de 1916, Rasputín predice:

«Siento que debo morir antes de año nuevo. Quiero hacer presente, no obstante, al pueblo ruso, al Padre, a la Madre de Rusia y a los niños, que si soy asesinado por comunes asesinos y especialmente por mis hermanos aldeanos rusos, tu Zar de Rusia, no tengas miedo, permanece en tu trono, gobierna y no temas por tus Hijos, porque reinarán por otros cien o más años. Pero si soy asesinado por los nobles, sus manos quedarán manchadas por mi sangre y, durante veinticinco años, no podrán sacarse de la piel esta sangre. Ellos deberán abandonar Rusia. Los Hermanos matarán a los Hermanos; ellos se matarán entre sí. Y durante veinticinco años, no habrá Nobles en el país. Zar de la tierra de Rusia, si oyes el tañido de las campanas, que te anuncian que he sido asesinado, debes saber esto: si han sido tus parientes quienes han provocado mi muerte, entonces ninguno de tu familia, o sea ninguno de tus hijos o de tus parientes, quedará vivo durante más de dos años. Ellos serán asesinados por el pueblo ruso…».

Veintidós días después de haber escrito esta misiva, Rasputín caía asesinado por dos parientes del zar Nicolás II y, siete meses después, el 17 de julio de 1917, el zar, su esposa y sus hijos fueron ejecutados.

«Antes de que mi cuerpo se convierta en cenizas, caerá el águila santa y será seguida del águila soberbia…». En este texto interpretamos el fin del imperio zarista águila santa, y la instauración del comunismo águila soberbia.

«Las tinieblas caerán sobre San Petersburgo. Cuando su nombre cambie el imperio habrá acabado…». Con la llegada del comunismo San Petersburgo pasó a denominarse Stalingrado.

Profecías sobre el destino de la humanidad

«Y cuando los dos fuegos sean apagados, un tercer fuego quemará las cenizas. Pocos hombres y pocas cosas quedarán; pero lo que quede deberá ser sometido a una nueva purificación, antes de entrar en el nuevo paraíso terrestre…». La interpretación de este texto nos remite al estallido de la Tercera Guerra Mundial.

«El aire que hoy desciende a nuestros pulmones para llevar la vida, llevará un día la muerte. Y llegará el día en que no habrá montaña ni colina; no habrá mar ni lago que no sean envueltos por el hálito fétido de la muerte. Y todos los hombres respirarán la muerte, y todos los hombres morirán a causa de los venenos suspendidos en el aire...».

«Llegará un tiempo en el que el Sol llorará sobre la Tierra, y sus lágrimas caerán como chispas de fuego que abrasarán las plantas y quemarán a los hombres...». A través de estos pasajes se manifiestan de forma clara y concisa las consecuencias catastróficas ocasionadas por un conflicto nuclear.

«Los mares entrarán en la ciudad y en las casas como ladrones, y las tierras se volverán saladas y la sal entrará en las aguas; y no habrá agua que no sea salada...». En estas dos líneas Rasputín nos transmite lo que sucederá a consecuencia del cambio climático. El aumento del nivel del mar a causa del deshielo de los glaciares, puede provocar el anegamiento de distintas zonas del planeta.

«Mahoma dejará su casa, recorriendo el camino de los padres. Y las guerras estallarán como temporales de verano, abatiendo plantas y desbastando campos, hasta el día en que se descubrirá que la palabra de Dios es una aunque sea pronunciada en lenguas distintas.

Entonces la mesa será única, como único será el pan...». Esta profecía deja entrever, como preconizan algunos sectores que denuncian el advenimiento del nuevo orden mundial, que al final de la contienda solo existirá una religión.

ENIGMAS Y MISTERIOS
¿Quién ordenó la muerte de Rasputín?

Según se desprende de una investigación llevada a cabo por el historiador Andrew Cook y el ex agente de la policía londinense Richard Cullen, el asesinato de Rasputín se debió a una trama de alta política internacional. Los servicios secretos británicos habrían orquestado desde las sombras la eliminación del profeta ruso, al manifestar públicamente su opinión contraria a la participación de Rusia en la Primera Guerra Mundial; situación que habría dejado en franca desventaja a los enemigos de Alemania.

De los cuatro disparos que se incrustaron en el cuerpo de Rasputín, uno de ellos, el que le causó la muerte, fue ejecutado con un arma utilizada por un miembro de los servicios secretos británicos:

Oswald Rayner. Este, a su regreso a las islas británicas, confesó la autoría del asesinato. Por desgracia, antes de fallecer en 1961, Rayner quemó todos sus archivos y, además, su único hijo murió cuatro años después.

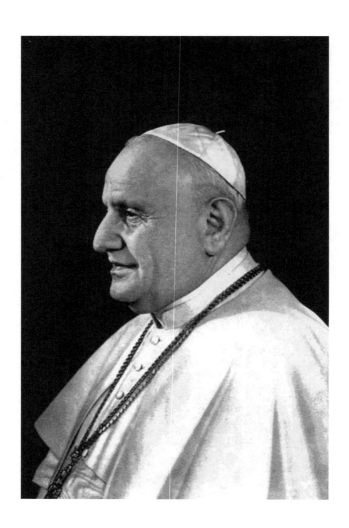

9
Juan XXIII
Sociedades secretas
y extraterrestres

«El estudio de un texto profético, sobre todo de éste,
debe partir de un estado de deseo en el plano sutil
y debe conducir al nacimiento interior del hombre nuevo.
En sus páginas están señalados todos los peldaños
de la vía iniciática».

PIER CARPI

La única evidencia sobre las profecías del Papa Juan XXIII la encontramos en el libro *Le profezie di papa Giovanni* de Pier Carpi, publicado en Italia el año 1976. A través de esta obra, editada en España un año después con el título de *Las profecías del papa Juan XXIII,* el autor nos introduce en la parte más oculta y desconocida de uno de los *Vicarios de Cristo* más trascendentales y carismáticos de la controvertida historia del papado. Según parece, Angelo Giuseppe Roncalli, el futuro Papa Juan XXIII, no solo vaticinó hechos de suma importancia para el devenir de la humanidad, sino que también, formó parte activa de exclusivas sociedades secretas de la época. Años más tarde, cuando ya ocupaba el trono papal, según manifestó uno de sus asistentes personales, «...dos años antes de su muerte mantuvo contactos con seres de otros planetas».

Rosacruces y Priorato de Sión

Según el autor de la obra citada anteriormente, en 1935, cuando ejercía de nuncio apostólico en Turquía, Angelo Roncalli fue iniciado en una orden rosacruz. Sin duda, esta afirmación forma parte de una de las piezas del rompecabezas que vamos a intentar descifrar. La primera controversia que generó *il Papa Buono* fue la elección de Juan XXIII puesto que, el nombre de Juan, había sido condenado por la iglesia desde que fuera utilizado por última vez en el siglo XV por un *antipapa*. Este *antipapa*, Baltassare Cossa, que utilizó el nombre de Juan XXIII y que, curiosamente, había profesado como obispo de Alet, diócesis del sur de Francia de la que dependía la población de Rennes-le-Château, abdicó en 1415, en un intento de finiquitar con el conocido *Cisma de Occidente;* durante el cual, como es sabido, la iglesia estuvo gobernada por dos papas: uno en Roma y otro en la ciudad francesa de Avignon.

A partir del año 1956 van apareciendo de forma continuada una serie de opúsculos que son depositados en la Biblioteca Nacional de París. En ellos, unas veces bajo seudónimos de clara significación simbólica: Marie-Madeleine o Antoine L´Ermite, y otras firmadas por personas reales que mueren de forma misteriosa después de su publicación, se reivindica la existencia de una sociedad secreta: El Priorato de Sión. En uno de estos opúsculos, Dossiers Secrets, aparece la lista de sus grandes maestres o, para utilizar la designación oficial, *Nautonniers* (Navegantes). La lista, compuesta por 23 personajes, abarca desde su creación en el año 1188, cuando aparece su primer Gran Navegante, Jean de Gisors, hasta la fecha de su publicación en la que figura el nombre de Jean Cocteau como último dignatario del Priorato. (No olvidemos que este novelista, poeta, pintor y director de cine francés murió en 1963).

En 1958, cuando Jean Cocteau ostentaba la cúpula del Priorato de Sión, con el nombre iniciático de Juan XXIII, fallece el papa Pío XII, y el cónclave cardenalicio elige como nuevo pontífice al cardenal de Venecia Angelo Roncalli. A partir de entonces se producen dos extrañas coincidencias. La primera, que ambos, Jean Cocteau y Angelo Roncalli, utilizan el mismo apelativo, es decir, Juan XXIII. La segunda, según se desprende de las famosas profecías de San Malaquías sobre los papas –donde adjudica a cada uno de ellos un emblema personal–, al papa Juan XXIII, le correspondería la divisa de *Pastor et Nauta* (Pastor y Navegante) y, como hemos podido comprobar anteriormente, el título oficial de los grandes maestres del Priorato de Sión es, curiosamente *Nautonnier* (Navegante). Por lo tanto, según Baigent, Leigh y Lincoln (El Enigma Sagrado), «…las implicaciones serían extremadamente intrigantes. Entre otras cosas, sugerían que el cardenal Roncalli, al convertirse en papa, escogió el nombre de su propio Gran

Maestre secreto y entonces, por alguna razón simbólica, habría un Juan XXIII presidiendo la orden de Sión y el papado simultáneamente. En todo caso, el gobierno simultáneo de un Juan (o Jean) XXIII tanto en la orden de Sión como en Roma resulta una coincidencia extraordinaria».

Profecías de Juan XXIII

Según se desprende de la información suministrada al autor del libro que nos ocupa: Pier Carpi, a través de un misterioso *anciano*, las profecías fueron redactadas en el año 1935. Como muy bien asienta el receptor de esta misteriosa y enigmática información «El pasado y el futuro se entremezclan, a menudo, porque las profecías tratan frecuentemente en bloques un mismo tema (…). Resulta posible casi siempre trazar una división entre pasado y futuro. Naturalmente, al haber sido redactadas en 1935, todas las profecías apuntaban al futuro. Su escalofriante cumplimiento les confiere autenticidad».

Vamos a intentar descorrer el velo de misterio que rodea a la inmensa mayoría de planteamientos proféticos. Obviamente, por razones de espacio, transcribiremos y comentaremos las profecías que, a nuestro entender, parecen más relevantes. Algunas de ellas, resultan de una definición clara y concisa otras, por su parte, son mucho más complicadas de esclarecer y dejan una puerta abierta a futuras interpretaciones:

«Caerá el presidente y caerá el hermano. Entre los dos el cadáver de la estrella inocente. Hay quien sabe. Preguntad a la Viuda Negra y al hombre que la llevará al altar en la isla. Sus secretos están en las armas, en el crimen. Y son secretos de quien no estaba en Nüremberg. Serán tres los que disparen contra el presidente. El tercero de ellos estará entre los tres que atacaron al segundo». La interpretación de estas líneas se nos presenta de una claridad meridiana; la muerte de los hermanos Kennedy y de Marilyn Monroe. Jacqueline, viuda de Kennedy, contrajo matrimonio con Aristóteles Onassis en la isla griega de Skorpios y ambos conocían los secretos; alguien que no fue juzgado por el tribunal de Nüremberg y que participó, de alguna forma, en el asesinato de los hermanos Kennedy, cuya identidad desconocemos.

«El hijo de la Bestia ha sobrevivido a tres atentados. No al cuarto. Le sirven para matar a quienes odia. Pero le llega su fin. Encerrado en su cubil, abrazado a la mujer de otro. Sobre su muerte misterio. Más atención al último que salió de la madriguera. Será difícil acabar con él y prepara nuevos infortunios para el mundo. Él conoce el verdadero rostro de la Bestia». Este texto nos remite a Adolf Hitler, cuya muerte oficial se produjo en el bunker de Berlín. De todas formas, aunque se describe la muerte del *führer* en su cubil junto a la mujer de otro, ambas, se hallan rodeadas de misterio. En cuanto al último en abandonar la madriguera, podría tratarse de Martin Bormann pero, también, puede hacer referencia a alguno de los oscuros y anónimos personajes que se movieron a la sombra de Hitler; cuya misión aún no esta finiquitada.

«La media luna, la estrella y la cruz se enfrentarán. Alguien mantendrá en alto la cruz negra. Del valle del Príncipe vendrán los jinetes ciegos. Tras ellos, los cuervos del hambre, la escasez y la muerte». Todo apunta a una conflagración de origen global. En este apocalíptico conflicto se enfrentaran musulmanes, hebreos y cristianos.

Para finalizar con esta pequeña exposición de las profecías atribuidas a *il Papa Buono*, hemos elegido este texto que resulta del todo clarificador e inquietante. Lo mejor es que cada cual saque sus propias conclusiones.

«Los rollos serán hallados en las Azores y hablarán de antiguas civilizaciones que enseñaron a los hombres cosas antiguas que ellos ignoran. La muerte se alejará y el dolor será escaso. Por medio de los rollos, las cosas de la tierra hablarán a los hombres acerca de las cosas del cielo. Los signos serán cada vez más numerosos. Las luces del cielo serán rojas, azules y verdes, y veloces. Crecerán. Alguien viene de lejos. Quiere conocer a los hombres de la tierra. Ya ha habido encuentros. Pero quien vio realmente ha guardado silencio…».

ENIGMAS Y MISTERIOS
Contacto son seres de otros planetas

Según se desprende se un artículo publicado en el rotativo *Sun* de Los Ángeles el 23 de julio de 1985, Juan XXIII mantuvo varios encuentros con seres extraterrestres. Uno de ellos tuvo lugar en la residencia veraniega de Castelgandolfo en 1961; dos años antes de su muerte. Así lo relataba a dicho periódico uno de los asistentes del Santo Padre:

«El Papa y yo estábamos paseando a través del jardín una noche de julio de 1961, cuando observamos sobre nuestras cabezas una nave. Era de forma oval y tenía luces intermitentes azules y ámbar. La nave pareció sobrevolar nuestras cabezas durante unos minutos, luego aterrizó sobre el césped en el lado sur del jardín. Un extraño ser salió de la nave; parecía un humano a excepción de que estaba rodeado de una luz dorada y tenía las orejas alargadas. Su santidad y yo nos arrodillamos. No sabíamos lo que estábamos viendo, pero supimos que no era de este mundo, por lo tanto debía de tratarse de un acontecimiento celestial. Rezamos y cuando levantamos nuestras cabezas, el ser estaba todavía allí. Esta fue la prueba de que no habíamos sufrido una visión. El Santo Padre se levantó y caminó hacia el ser. Los dos mantuvieron una intensa conversación durante quince o veinte minutos. Ellos no me llamaron, así que permanecí donde estaba y no pude oír nada de lo que hablaron. El ser dio la vuelta y se encaminó hacia la nave. Enseguida se marchó. Su santidad dio la vuelta hacia mí y me dijo: Los hijos de Dios están en todas partes; algunas veces tenemos dificultad en reconocer a nuestros propios hermanos».

10
Los siete mundos de los indios Hopi

«La Tercera Guerra Mundial será iniciada por aquellos
que primero revelaron la luz (la divina sabiduría)
en el viejo mundo conocido. Gran parte
de las naciones sucumbirán, tanto la tierra
y la gente que habita en ellos, por medio
de bolas de cenizas que caerán en la tierra
haciendo hervir los ríos e incendiarán la tierra,
donde no crecerán plantas por muchos años
y causarán enfermedades que ninguna
medicina podrá curar».

PROFECÍA HOPI DE LA ESTRELLA AZUL

Los indios Hopi se hallan asentados en la parte septentrional del estado norteamericano de Arizona. Según
la tradición, proceden de un continente desaparecido en
las profundidades del océano Pacífico. Cuentan que sus
antepasados, aprendieron a construir y diseñar túneles e
instalaciones subterráneas, gracias al contacto que mantuvieron con unos *seres procedentes de las estrellas*, que se

desplazaban a bordo de escudos voladores o pájaros tronantes. Estos visitantes del espacio, dominaban el arte de cortar y transportar enormes bloques de piedra. La historia de este pueblo se nos antoja enigmática y misteriosa.

Los Siete Mundos

Para los Hopi la historia de la humanidad esta dividida en siete periodos que ellos denominan mundos: separados entre sí por demoledoras catástrofes de origen natural. El primer mundo desapareció devastado por el fuego (periodo de actividad volcánica); el segundo por el hielo (periodo de glaciación); y el tercero por el agua (derretimiento del hielo al finalizar el periodo glaciar anterior). El cuarto mundo, el actual, según las profecías del pueblo Hopi, estaría próximo a desaparecer.

Según manifestaciones de los propios Hopi, el fin del cuarto mundo o cuarta purificación, puede producirse de dos formas. La primera, con la devastadora manifestación de los cuatro elementos: grandes inundaciones; terribles huracanes; catastróficos terremotos e impresionantes erupciones volcánicas. La segunda, estaría protagonizada por unos seres de piel rojiza. Estos seres, que un día llegarán a esta tierra para conquistarla, forzarán al pueblo Hopi, a encerrarse en sus moradas porque habrá una sustancia en el cielo que los matará.

En palabras de Robert Ghost Wolf, escritor y artista que ha convivido con distintas tribus americanas:

«Los Hopi están convencidos de que actualmente estamos habitando el cuarto mundo y que distintos signos evidencian que la entrada al quinto mundo, que será el mundo de la iluminación (o de la paz), está próximo a llegar». Este nuevo mundo que se avecina será, sin duda: «La conexión del hombre con el espíritu de la tierra que le da cobijo y sustento».

En cuanto a los dos mundos restantes, siempre según las profecías manifestadas por los Hopi: el sexto será el de la *revelación* y el séptimo el de la *culminación*.

Los Katchinas

El centro espiritual de los Hopi es el poblado de Oreibi. Allí nació White Bear (Oso Blanco), de quien procede la información que el ingeniero de la NASA Josef Blumrich, planteó en su obra «Kasskara y los siete mundos». Oso Blanco pertenecía, como su madre, al clan de los coyotes. Por su parte, su padre pertenecía al clan de los osos (el principal clan de los Hopi desde que se encuentran en el cuarto mundo).

Según las afirmaciones de Blumrich, transmitidas por Oso Blanco, desde los inicios del primer mundo, los humanos estaban en contacto con los Katchinas: palabra que podría traducirse por *altos, respetados, sabios…* Eran seres de figura humana, procedían de un sistema alejado de la Tierra: compuesto por doce planetas. Los Katchinas se desplazaban a una velocidad impresionante entre su planeta de origen y la Tierra, ya que «dado que se trataba de seres corpóreos, para los viajes precisaban de artefactos volado-res». Acerca del aspecto de estos artefactos voladores White Bear le explicó: «Si de una calabaza cortas la parte inferior, obtendrás una corteza; lo mismo debe hacerse con la parte superior. Si luego se superponen las dos partes, se obtiene un cuerpo en forma de lenteja. Este es, en el fondo, el aspecto de un escudo volador».

En lo que hace referencia al fin del tercer mundo y el inicio del cuarto: «La población llegó a esta nueva tierra por dos caminos diferentes. Los *importantes*, es decir, aquellos hombres seleccionados para recorrer, inspeccio-nar y preparar la nueva tierra, fueron llevados allí a bordo de los escudos de los Katchinas. El resto de la población tuvo que hacerlo a bordo de embarcaciones». También cuenta la tradición que este viaje se realizó sorteando una gran cantidad de islas que, en dirección noreste, se exten-dían hasta la naciente América del Sur. Este nuevo asenta-miento recibió el nombre de Tautoma.

Los Nueve Signos

En 1963 se publicó en Estados Unidos el libro The Book of the Hopi. En él, su autor, Frank Waters, nos relata la conversación que mantuvo un pastor eclesiástico llama-do David Young con un Hopi del antiguo Clan del Oso. El pastor transitaba con su automóvil por las cercanías de Taos (México) y se detuvo para recoger a un viejo indio que andaba lentamente bajo los rayos de un sol asfixiante. El viejo indio, Pluma Blanca, le hizo partícipe, entre otras anécdotas, de la profecía de Los Nueve Signos.

«Mi gente aguarda la llegada de Pana, el verdadero Hermano Blanco perdido, al igual que lo aguardan todos nuestros hermanos. Él no será igual a los hombres blancos que conocemos hoy día, que son crueles y codiciosos. Habíamos sido advertidos de su llegada hace ya muchos años, pero aún seguimos aguardando su llegada. Él traerá consigo los símbolos y la pieza faltante de la sagrada tabla que ahora custodian nuestros sabios. Esta pieza le fue dada cuando marchó, esto lo identificará con el Verdadero Hermano Blanco. El fin del Cuarto Mundo se acerca ya y el Quinto dará su entrada. Esto ya lo sabían los sabios. Los Signos se han ido cumpliendo a través de los años, y muy pocos quedan aún por cumplirse».

Primer Signo: «Habíamos sido advertidos de la llegada del hombre blanco, similar a Pana, pero que no viviría como él, sino que se apropiaría de tierras que no le pertenecen, y que abatiría a sus enemigos con el fuego». ¿La llegada de los conquistadores?

Segundo Signo: «Nuestras tierras verán la llegada de ruedas de madera. En su juventud mi padre vio hecha realidad esta profecía, con la llegada del hombre blanco en sus carretas a través de las praderas».

Tercer Signo: «Una extraña bestia similar al búfalo, pero con grandes y largos cuernos, poblará las tierras en un gran número. Esto lo pude observar con mis propios ojos, ya que se trata de las cabezas de ganado que ha traído el hombre blanco a estas tierras».

Cuarto Signo: «La tierra será atravesada por serpientes de acero». ¿Las vías del ferrocarril?

Quinto Signo: «El cielo será cubierto pon una gigantesca telaraña». ¿Los tendidos eléctricos?

Sexto Signo: «La tierra será invadida de ríos de piedra que reflejarán los rayos del sol». ¿Las carreteras y autopistas?

Séptimo Signo: «Escucharás que el mar se volverá negro y mucha vida sucumbirá». ¿La contaminación?

Octavo Signo: «Verás a muchos jóvenes que usarán el pelo largo como nosotros. Vendrán y se unirán a nuestra tribu para aprender nuestra forma de vida y nuestra sabiduría». ¿La época hippie?

Noveno Signo: «Escucharás hablar de una morada en el cielo que caerá con todas sus fuerzas sobre la tierra. Esta morada se verá como una gran estrella azul. Luego, muy pronto, las ceremonias y rituales de mi gente culminarán». ¿Una guerra nuclear?

«Estos signos representan que la gran destrucción se acerca. El planeta no dejará de sacudirse. El hombre blanco librará batallas contra gente de otras tierras, principalmente contra aquellos que poseían las primeras luces de la sabiduría. Habrá columnas de humo y fuego tal como Pluma Blanca ya las había observado en los desiertos no muy lejos de aquí».

ENIGMAS Y MISTERIOS
Leyendas de los indios Hopi

Transmitido de generación en generación, los indios Hopi explican que en el interior del Monte Shasta –situado en la frontera de Oregón, en la California Septentrional–, se halla una inmensa ciudad habitada por una raza de hombres blancos, dotados de poderes superiores; supervivientes de una antiquísima cultura desaparecida en lo que hoy es el océano Pacífico. Según el investigador Andreas Faber-Kaiser: «El único supuesto testigo que accedió a la ciudad, un médico llamado Dr. Doreal, afirmó en 1931que la forma de construcción de sus edificios le recordó las construcciones mayas o aztecas».

Por otro lado, tanto los indios Apaches, como los Sioux, explican que en el subsuelo del continente americano mora una raza de seres de tez blanca, superviviente de una tierra hundida en el océano. Pero también mucho más al norte, en Alaska, los esquimales hablan de una raza de hombres blancos que habita en el subsuelo de sus territorios. Curiosamente, el nombre Shasta no procede ni del inglés ni de ninguno de los dialectos indios. Al parecer viene del sánscrito y su significado sería sabio, venerable.

11
Jeanne Dixon
La vidente de la Casa Blanca

«Con sus enseñanzas y propaganda, el profeta hará
que la gente no solamente acepte al Anticristo,
sino, más bien, que lo desee con positivo entusiasmo,
y que así llegue a crear las condiciones de su llegada
y a participar activamente en la organización del terrible
y asolador despotismo de su Imperio Mundial».

JEANNE DIXON

Lydia Emma Pinckert, más conocida como Jeanne Dixon, nació el 5 de enero de 1904 en Medfort, Wisconsin. Siendo apenas una niña vivió sus primeras experiencias de clarividencia. En cierta ocasión, preguntó a su madre sobre el significado de una carta con rebordes negros que ésta, había recibido. Dos semanas después, la madre recibió una esquela remitida desde Alemania; anunciándole la muerte de su abuelo. Recién cumplidos ocho años de edad, nos manifiesta Klaus Bergman: «…una gitana le leyó la mano y vio en ella una futura vidente, por lo que le regaló una bola de cristal, consagrando así su destino».

Visiones proféticas sobre los papas

La señora Dixon manifestó haber sufrido una serie de visiones bastante siniestras sobre los futuros ocupantes del trono papal: «Hacia finales de siglo un papa será herido y otro morirá». Este último, según sus propias predicciones, saldrá elegido por un cónclave muy controvertido; gran parte de los cardenales se mostrarán totalmente en desacuerdo con la elección. También vaticinó que tras un breve mandato el nuevo pontífice: «Morirá de forma violenta, y en su muerte intervendrán algunos cardenales».

Esta profecía, que al parecer se ha visto cumplida, nos remite a la muerte del papa Juan Pablo I –muerto en extrañas circunstancia–; cuyo pontificado tan solo duró treinta y tres días. En cuanto al papa herido, aunque la profecía no guarda un orden cronológico, sin duda, se refiere al intento de asesinato de Juan Pablo II –el día 13 de mayo de 1981–, por parte del joven turco de veintitrés años Ali Agca.

Visiones proféticas sobre las apariciones de Fátima

Resulta sumamente curioso, que la clarividente norteamericana relacionase ambos hechos con el controvertido *Tercer Mensaje de Fátima*.

Corría el año 1958, y Jeanne Dixon que en aquellos instantes se hallaba en el interior de la catedral de San Mateo, en Washington, tuvo una visión en la que se le aparecía la Virgen María. En la parte posterior de la visión, a la derecha, se formó una especie de niebla que poco a poco fue configurando el nombre de *Fatima*. En la parte inferior, visualizó claramente un trono papal totalmente vacío y, junto a este, la figura de un papa herido; la sangre manaba de su rostro y de su hombro izquierdo. La imagen del santo pontífice se desvaneció y, pese a que el trono desprendía una intensa luminosidad, y muchas manos intentaban aproximarse a él, éste se desvaneció como por arte de magia.

Visiones proféticas sobre la muerte de los hermanos Kennedy

La señora Dixon, al parecer, era una mujer muy piadosa. Una fría mañana de invierno de 1952 –en la misma catedral de San Mateo donde, seis años después, tuvo las visiones de los papas y de Fátima, rezando ante una talla de la Virgen María, tuvo una visión; esta vez relacionada con la Casa Blanca. Justo por encima de la estatua, en el interior de una neblina tenebrosa, visualizó cuatro cifras: 1-9-6-0. Al mismo tiempo, sintió una voz profunda en su interior que le anunció: «Un demócrata que llegará a la presidencia de los Estados Unidos en 1960, será asesinado durante su mandato». Pero esto no es todo, según la propia señora Dixon, al término de una conferencia impartida en uno de los salones del hotel Ambassador, durante una rueda de preguntas efectuadas por los asistentes a la misma, una mujer le preguntó, si Robert Kennedy llegaría a la presidencia de la nación americana. Inesperadamente, Jeanne visualizó una especie de lienzo de color negro que se desplomaba entre ella y el público asistente al evento. Bruscamente respondió: «No. No lo será. Nunca llegará a ser presidente de los Estados Unidos a causa de una tragedia que sucederá aquí mismo, en este hotel».

Una semana después, Robert Kennedy, mientras transitaba por un pasillo en dirección a las cocinas del hotel Ambassador, era abatido a balazos por un muchacho de 22 años de edad: Sirhan Bishara Sirjan.

Algunas profecías sobre el *Anticristo*

«…Distingo claramente dos características del Anticristo: el dominio sobre los hombres, con un gobierno de hierro, y la seducción de sus mentes mediante una falsa ideología…».

«…Conquistará la tierra y prometerá implantar un reino de justicia. Gobernará este imperio mundial con sabias estrategias y la someterá por completo con las armas más terroríficas…».

«…Todos los tiranos que han dominado a lo largo y ancho de la historia, en comparación, parecerán niños inocentes…».

ENIGMAS Y MISTERIOS
Descorriendo las bambalinas del poder

Jeanne Dixon ha pasado a la historia con el sobrenombre de La *vidente de la Casa Blanca*. Se dice que, a lo largo de su dilatada carrera, ejerció como asesora de miembros relevantes que se movían a través de los llamados *pasillos del poder;* incluso, fue una persona muy importante en los círculos más íntimos del presidente Ronald Reegan y su esposa Nancy.

Así pues, no es de extrañar, que en el libro *Mi vida y mis profecías,* escrito por la vidente y publicado en Estados Unidos el año 1969, al margen de revelarnos algunas de sus profecías, acuse a una especie de *gobierno dentro del gobierno,* de ser el auténtico responsable, tanto material como intelectual, del caos que sufrirá la humanidad; caos que, por cierto, ya estamos viviendo a nivel global. Este *gobierno en la sombra,* siempre según la señora Dixon, es el que verdaderamente ostenta el poder y «triunfará, sin duda, al hacerse con el control del país (…). Está liderado por poderosos grupos económicos (…). Los medios de comunicación, también en sus manos, son una parte fundamental para sus finas de dominación mundial».

Jeanne Dixon falleció de un ataque al corazón el 26 de enero de 1997 en la ciudad de Washington. Años antes, vistas las afirmaciones vertidas en su autobiografía, y no nos cabe la menor duda, estuvo en contacto con información velada para el ciudadano común. Como muy sabiamente escribió el filósofo Spinoza: «No se trata ni de negar ni de afirmar, sino de comprender».

12
Edgar Cayce
El profeta dormido

«Quien pueda comprar una granja tiene suerte;
compre usted una si no quiere conocer el
hambre en los días por venir».

EDGAR CAYCE

Se le llamaba el «profeta durmiente» ya que muchas de sus predicciones eran supuestamente recibidas mientras estaba en un trance, como dormido. Supuestamente, Cayce obtenía sus poderes al conectarse con una conciencia superior desconocida.

Edgar Cayce falleció en 1945; dejándonos una herencia de más de catorce mil vaticinios, realizadas mediante estados de trance autoinducidos desde 1901. Esta gran cantidad de predicciones, transcritas y celosamente conservadas en los archivos de la *Association for Research and Enlightenment, Inc (A.R.E.)* fundada por el propio Cayce en 1931, en Virginia Beach, transitan sobre el futuro de nuestro planeta que, según presagió él mismo, se verá abocado a soportar intensas perturbaciones:

«Toda América –de norte a sur–, se verá afectada (...) La tierra experimentará un cambio de sus polos electromagnéticos. Una vez cumplido el cambio de los polos, no habrá más desastres geológicos (...) El advenimiento de un nuevo Mesías y de otros dirigentes espirituales ocurrirá casi al final del periodo de grandes trastornos geológicos». También predijo que «el mundo sufrirá una gran crisis financiera»; que Estados Unidos entraría en guerra en 1941; que la contienda finalizaría en 1945 y, que tendría lugar la Tercera Guerra Mundial. Tras la cual, «los lugares donde se desarrollaran las batallas estaban destinadas a convertirse en océanos, mares y bahías».

El continente perdido de la Atlántida

A mediados de 1940 Cayce vaticinó que la Isla de Poseidón, será el primer fragmento de la Atlántida en emerger sobre las aguas del Caribe. También que todas las porciones terrestres que brotarán lo harán de forma progresiva. Estas porciones son –según Edgar Cayce–: «...partes que sobresalen y que de un momento a otro pueden resurgir».

Tres años después (1940), tuvo otro presentimiento: «Después que hayan emergido las zonas sumergidas de la Atlántida, entonces se producirá un periodo de levantamientos submarinos que deberán, en las generaciones siguientes, convertirse en otras tierras».

Posteriormente, en el transcurso de uno de sus innumerables trances autoinducidos, describe un sepulcro repleto de manuscritos sobre la Atlántida y el antiguo Egipto. Dicho sepulcro –que se descubriría en 1978–, estaría oculto en el interior de una pirámide (escondida bajo la arena) entre las patas de una esfinge. Esta visión, que sepamos, todavía no se ha cumplido.

Año 2100

Cayce –que nunca predijo catástrofes provocadas a raíz de contiendas nucleares–, no descartaba la más que probable autodestrucción de la humanidad; como, al parecer, ya ocurriera con la desaparición del continente atlante: «El hombre influye pero la naturaleza hace el resto».

En uno de sus aventuras hipnóticas, nuestro protagonista viajó hasta el año 2100 a la ciudad de Nebraska. «El mar –nos dice– cubría aparentemente toda la parte oeste de la comarca, y la ciudad donde vivía yo estaba en la costa. Yo viajaba en un largo avión metálico, de forma alargada, que alcanzaba grandes velocidades». A continuación, hizo escala en una ciudad que le era desconocida por completo, Cayce preguntó donde se hallaba y, «unos individuos, me contestaron sorprendidos que estaba en Nueva York». Entonces cae en la cuenta de los numerosos trabajos de reconstrucción que se estaban realizando por doquier. «...El agua cubría entonces gran parte de Alabama y

Norfolk y Virginia eran inmensos puertos de mar. Las industrias aparecían dispersadas en las campiñas circundantes en lugar de estar centralizadas en las ciudades. Gran número de casas estaban construidas de vidrio».

Edgar Cayce falleció en 1945 –dejando tras de sí una estela mágica y misteriosa que aún perdura por doquier– llevándose a la tumba los secretos que ni él mismo consiguió discernir. Sus incondicionales, y una inmensa mayoría de estudiosos e investigadores no dudan un ápice en afirmar que: «No era solo un vidente provisto de unas capacidades sorprendentes, sino un auténtico profeta».

ENIGMAS Y MISTERIOS
Fresco como una lechuga

Esta extraordinaria historia que reflejamos a continuación, nos la relatan los autores Louis Pauwels y Jacques Bergier en su libro *El retorno de los brujos*. El pequeño Edgar Cayce yace inmóvil en su lecho; se halla en estado de coma. El médico no sabe que hacer. De pronto –inmerso en un profundo trance–, bruscamente, dice: «Le diré lo que tengo. He recibido un golpe en la columna vertebral con una pelota de béisbol. Hay que hacer una cataplasma especial y aplicármela en la base del cuello». A continuación –utilizando el mismo tono suave de voz–, le prescribe al sorprendido doctor las distintas plantas que necesita para preparar la cataplasma, «…deprisa, pues el cerebro corre peligro de ser alcanzado». Por si acaso, el médico le aplica la cataplasma. Aquella misma noche la fiebre desapareció por completo y, a la mañana siguiente, el pequeño Edgar Cayce se levantó de la cama fresco como una lechuga; sin acordarse de nada de lo sucedido el día anterior.

13
El Apocalipsis de San Juan y el número de la bestia 666

«A nuestro alrededor existen sacramentos del mal,
como existen sacramentos del bien, y yo creo que
nuestra vida y nuestros actos se desarrollan en un
mundo insospechado, lleno de cavernas, de sombras
y de moradores crepusculares».

ARTHUR MACHEN

El vocablo *Apocalipsis* –que muchos achacan al concepto de destrucción– significa, simplemente, *Revelación*; a pesar de que la gran mayoría de escritos proféticos resultan catastróficos. Aunque, antaño fueron muchos los testimonios de esta índole que se produjeron, los más conocidos, comentados y estudiados son, sin duda, los recogidos por san Juan. Estos textos, divididos en veintidós capítulos, el mismo número de letras que componen el alfabeto griego, fueron redactados a finales del siglo I: aproximadamente sobre el año 96, en la isla griega de Patmos.

Fragmentado en siete grupos, cada uno de ellos, a su vez, subdivididos en subgrupos de siete, el Apocalipsis está confeccionado en base a una estructura septenaria: siete cartas a las iglesias; siete sellos; siete trompetas; siete copas... La cifra de siete es el resultado de la suma de tres –lo divino– y de cuatro –lo humano–; cuyo resultado final es la creación «...y Dios creó el mundo en seis días y el séptimo descansó».

Las Siete Iglesias

«Lo que vieres, escríbelo en un libro y envíalo a las siete iglesias». Estas siete iglesias son las de Éfeso, Esmirna, Pérgamo, Tiatira, Sardes, Filadelfia y Laodicea. «Cuando el misterio de las siete estrellas que has visto en mi diestra y los siete candelabros de oro, las siete estrellas son los ángeles de las siete iglesias, y los siete candelabros, las siete iglesias».

Los Cuatro Jinetes del Apocalipsis

Según la tradición, el primer jinete viene del Este sobre un caballo blanco. Provoca una guerra y recibe una corona. El segundo monta un caballo rojo y procede del Norte. Porta una espada y, una vez finalizada la contienda, el mundo acabará totalmente desolado. El tercer jinete –que sostiene una balanza– viene del Sur a lomos de un caballo negro; representa el hambre y la miseria. En cuanto al cuarto jinete –que viene del Oeste montado en un caballo amarillento–, es el responsable de la muerte y de la peste. Estos cuatro jinetes, que proceden de los cuatro puntos cardinales, representan, también, los cuatro elementos de la naturaleza: agua, aire, tierra, fuego.

Los Siete Sellos

Durante la apertura de los cuatro primeros sellos que conforman el septenario, tiene lugar la manifestación de los *Cuatro Jinetes del Apocalipsis*. El quinto sello, representa un período de grandes tribulaciones y cataclismos naturales. Por su parte, la apertura del sexto sello conlleva la manifestación de las llamadas señales celestiales; oscurecimiento del Sol y la Luna y caída de las estrellas. Por último, con la entrada en escena del séptimo sello, el profeta visualiza el momento en que las siete Trompetas son entregadas a los siete ángeles.

Las Siete Trompetas y las Siete Copas

Siguiendo con los ciclos septenarios más relevantes que componen los escritos proféticos, nos encontramos con las trompetas y las copas. Ambos presentan estructuras similares. El sonido de las trompetas, se inicia con visiones de esperanza –transcurren a través de diferentes cataclismos naturales-; finalizando con el séptimo toque que simboliza la victoria. En cuanto a las copas –pasado el preludio de esperanza y los cataclismos naturales que se van produciendo con el vertido del contenido de las mismas–, finaliza, también, con una visión de salvación y victoria.

666: El número de la Bestia

«E hizo que a todos, pequeños y grandes, ricos y pobres, libres y siervos, se les imprimiera una marca en la mano derecha y en la frente» (…) «…y que nadie pudiera comprar o vender sino el que tuviera la marca del nombre de la bestia o el número de su nombre» (…) «Aquí está la sabiduría. El que tenga inteligencia calcule el número de la bestia, porque es número de hombre. Su número es seiscientos sesenta y seis».

Estos textos, sin duda, resultan de lo más inquietante. El argumento se nos antoja de película de ciencia ficción pero, el desenlace se nos muestra con una claridad meridiana: los chips implantados bajo la piel. Estos chips –que contendrán toda la información relativa a la persona– en un futuro no muy lejano, pueden sustituir –no tan solo nuestra documentación acreditativa– sino también, hasta el dinero. Es decir, que al pasar la mano, a través de un scanner, toda nuestra información quedará reflejada en el sistema informático. Lógicamente, el que no tenga implantado el chip «…no podrá comprar ni vender…».

En cuanto al 666, desde hace tiempo se especula con la posibilidad de que –entre otros-, permanezca oculto en las tarjetas de crédito y en los códigos de barras insertados en los envases de todos los productos que consumimos diariamente. Y para sembrar más inquietud, si cabe, toda la información suministrada a través de los códigos de barras, es remitida a un impresionante sistema computerizado denominado *La Gran Bestia*.

Alguien me comentó hace ya mucho tiempo que «Las profecías se han escrito –nada más y nada menos– para que se vean cumplidas».

ENIGMAS Y MISTERIOS
Los Caballeros del Apocalipsis

En los albores del año 1694 –en la ciudad de Roma– Agostino Gabrino fundó la compañía de Los Caballeros del Apocalipsis. Este iluminado, que se autodenominaba Príncipe del número Septenario y Monarca de la Santa Trinidad, reclutó más de ochenta compañeros –en su mayoría modestos obreros– que compartían sus delirios apocalípticos. Los integrantes de esta especie de orden caballeres-ca –preparada para entrar en acción en defensa de la iglesia católica contra las envestidas del Anticristo–, tenían siempre a mano sus espadas bien afiladas. Esta extraña cofradía desapareció, sin dejar el más mínimo rastro, al parecer en el transcurso de 1695. ¿O, tal vez, no?

Bibliografía

Abad, Juan N.: *Las profecías modernas*. Editorial Bruguera. Barcelona.

Baigent, Michael. Leigh, Richard y Lincoln, Henry: *El enigma sagrado*. Ediciones Martínez Roca. Barcelona.

Bergman, Klaus: *Grandes Profecías*. Distribuidora A. L. Mateos. Madrid.

Blumrich, Josef: *Kasskara y el secreto de los siete mundos*. Artículo publicado en el Extra número 1 de la revista Mundo Desconocido. Barcelona.

Carpi, Pier: *Las profecías del Papa Juan XXIII*. Ediciones Martínez Roca. Barcelona

Charpentier, Josane: *El libro de las profecías*. Plaza & Janés Editores. Barcelona.

Charroux, Robert: *El libro de los secretos descubiertos*. Plaza & Janés Editores. Barcelona.

Fleury, René: *Las profecías de San Malaquías*. Editors. Barcelona.

Fontbrune, Jean-Charles de: *La Profecía de los Papas*. Ediciones Martínez Roca. Barcelona.

Gallotti, A.: *Las profecías del fin del milenio*. Ediciones Robinbook. Barcelona.

Hadés: *¿Qué ocurrirá mañana?* Plaza & Janés Editores. Barcelona.

Howard, Michael: *La Conspiración Oculta*. Editorial Edaf. Madrid.

Jochmans, J. R. *Los Truenos que arrasarán el mundo*. Ediciones Martínez Roca. Barcelona.

Kubnick, Henry: *El gran miedo al año 2000*. Plaza & Janés Editores. Barcelona.

Lamy, Michel: *Jules Verne, initié et initiateur*. Éditions Payot & Rivages. París.

Mauduit, Jacques A: *En las fronteras de lo irracional.* Plaza & Janés Editores. Barcelona.

Nacar Fuster, Eloino y Colunga Cueto, Alberto: *Sagrada Biblia.* Biblioteca de Autores Cristianos. Madrid.

Ovason, David: *Los secretos de Nostradamus.* Plaza & Janés Editores. Barcelona.

Pauwels, Louis y Bergier, Jacques: *El Retorno de de los Brujos.* Plaza & Janés Editores. Barcelona.

Robin, Jean: *Hitler el elegido del dragón.* Ediciones Martínez Roca. Barcelona.

Robin, Jean: *Las sociedades secretas en la cita final del Apocalipsis.* Heptada Ediciones. Madrid.

Robin, Jean: *Operación Orth. El increíble secreto de Rennes-le-Château.* Heptada Ediciones. Madrid.

Sendy, Jean: *La Era de Acuario.* Plaza & Janés Editores. Barcelona.

Tarade, Guy: *Documentos de lo extraño.* Ediciones Daimon, Manuel Tamayo. Barcelona.

Verne, Julio: *París en el siglo XX.* Editorial Planeta. Barcelona.

Otras publicaciones

Revista Mundo Desconocido
Revista Karma.7
Revista Más Allá de la Ciencia
Revista Año Cero

Otros títulos del autor

Maldiciones, tesoros ocultos, leyendas,
pactos secretos, fenómenos paranormales...

¿Qué ocultaron los nazis en el lago Toplitz? ¿Pesa una maldición
sobre el edificio Dakota? ¿Qué secretos guarda el castillo de
Gisors? ¿Custodia el Monte Ararat los restos del Arca de Noé?
¿Templarios en la isla del Roble? ¿Fantasmas en el castillo de
Glamis? ¿Espíritus en la mansión Winchester? ¿Sucesos paranor-
males en la rectoría de Borley? ¿Fue el enigmático Mont Saint-
Michel refugio de grupos esotéricos? ¿Tuvo lugar en el fabuloso
Castel del Monte la *Pactio Secreta*?

Otros títulos de la colección
www.esediciones.es

El misterio de la llave perdida
Ángel Colodro

Bajo la estirpe de Hypatia
Científicos que cambiaron la historia
Óscar Menéndez

Crímenes y criminales
Varios autores

Vampiros
y otros seres inquietantes
Antología de Verónica Ortiz Empson

Breves y eternos
Cuentos de lunáticos y poseídos
Ernesto Pérez Zúñiga

Tránsfugas, travestis y traidores
Rebeldes ejemplares de la Historia de España
Arturo Arnalte

La Máscara de la Muerte Roja
El diablo en el campanario
Versión bilingüe inglés/castellano
Edgar Allan Poe

Obama
La voz del cambio
Jerónimo Andreu

El Viajero Mileurista

Luis Pablo Beauregard

¡Hazlo! No lo intentes

Ángel Alcalá

¿Cómo sería el mundo actual si no se hubiera quemado la Gran Biblioteca de Alejandría?

Hypatia y la eternidad
Ramón Galí

Intriga, suspense y realidades paralelas conforman las páginas de esta extraordinaria novela épica.

A comienzos del siglo v de nuestra era, una mujer, Hypatia de Alejandría, matemática, filósofa, astrónoma, erudita neo-platónica y última directora de la Biblioteca sabe que antes de ser brutalmente asesinada debe transmitir el Gran Secreto para salvar los volúmenes que atesoran el conocimiento de la humanidad.

(www.hypatiaylaeternidad.com)